배우면서 바로 써먹는

블로그&인스타그램 마케팅 가이드

(한 권으로 끝내는 온라인 마케팅 요약본)

배우면서 바로 써먹는 블로그&인스타그램 마케팅 가이드

발 행 | 2023년 01월 17일

저 자 | 임수정

펴낸이 | 한건희

펴낸곳 | 주식회사 부크크

출판사등록 | 2014.07.15(제2014-16호)

주 소 | 서울특별시 금천구 가산디지털1로 119 SK트윈타워 A동 305호

전 화 | 1670-8316

이메일 | info@bookk.co.kr

ISBN | 979-11-410-1191-8

www.bookk.co.kr

CONTENT

머리말   7

Part1. [온라인마케팅] 온라인마케팅 입문에서 활용까지
온라인 마케팅 시작 전, 반드시 알아야 하는 것들   8

1. 사장님들, 마케팅과 광고의 차이 알고 시작하시나요?
  1) 마케팅과 광고는 같다 Vs. 다르다   9
  2) 마케팅과 광고의 사전적 의미   10
  3) 돈을 써서 광고를 하는데도 매출이 오르지 않는다면   11

2. 사장님들이 온라인광고를 더 선호하는 이유
  1) 온라인광고 Vs. 오프라인광고   15
  2) 온라인광고와 오프라인광고의 가장 큰 차이점   16

3. 사업자라면 반드시 알고 시작해야 할 3가지
  1) 내 고객은 어디서 나를 찾는가?   19
  2) 내 고객은 어떤 키워드로 나를 검색하는가?   22
  3) 내 고객은 내가 원하는 반응을 보이는가?   24

4. 사업자라면 반드시 알아야 하는 광고 종류
  1) 대한민국 대표 포털사이트 '네이버 키워드 광고'   26
  2) 입소문을 통해 퍼지는 '바이럴 광고'   27
  3) 합법적으로 가능하다면 최고의 마케팅 '스팸 광고'   29

Part2. [블로그] 무자본으로 시작하는 블로그 마케팅
광고대행사 없이 나 혼자 시작하는 실전 블로그 A부터 Z까지   30

1. 블로그 운영 전 반드시 짚어야 하는 체크리스트
    1) 매일 열심히만 사는 사람들   33
    2) 당신이 블로그를 포기하는 이유 3가지   34

2. 블로그로 돈을 번다고? 네이버 블로그 수익창출 종류
    1) 네이버 광고 수익, 애드포스트   39
    2) 블로그 원고 기자단, 써포터즈   40
    3) 배송/방문 체험단   41
    4) CPA, CPS, CPM, CPC… 제휴마케팅   42
    5) 기타   44

3. 블로그는 레드오션? 지금은 유튜브를 해야 하지 않나요?
    1) 블로그 Vs. 유튜브   49
    2) 블로그 장단점, 확실하게 알고 시작하기   51

4. 뾰족하게 나를 드러내는 브랜딩 블로그 실전 세팅법
    1) 블로그 별명(닉네임) 가이드라인 5가지   55
    2) 임팩트 있는 블로그 소개글 작성하기   60
    3) 블로그 주제를 위한 가이드라인 4가지   62
    4) 주제에 맞는 메인 카테고리 3가지 구성 방법   64

5. 지금은 모바일 전성시대, 모르면 손해 보는 모바일 세팅법
    1) 스킨, 커버 스타일, 블로그 별명, 소개글 변경하기   77
    2) SNS 외부채널 연결하기   78
    3) 내 주제에 맞는 인기글, 대표글 설정하기   79
    4) 네이버 숏폼, 모먼트 활용하기   80
    5) 모바일 앱 기능 꼼꼼하게 알아보기   82

6. 작은 회사일수록 상위노출 전략은 확실하게 알아야 한다
  1) 우리가 기를 쓰고 상위노출을 하려는 이유　　　95
  2) 매년 어려워지는 검색엔진 최적화(SEO, 상위노출)　　　97
  3) 상위노출을 위한 불변의 법칙　　　100
  4) 상위노출에 영향을 미치는 요소들　　　102
  5) 상위노출에서 중요한 3가지　　　103
  6) 상위노출 기본 전략 방법　　　111

7. 상위노출, 방문자 유입을 늘리는 세부 키워드 공략법
  1) 대표키워드 Vs. 세부키워드　　　113
  2) 세부키워드를 찾는 4가지 방법　　　116
  3) 저품질에 걸리는 사람들의 공통적인 행동 패턴　　　121

8. 배우면서 바로 써먹는 네이버 블로그 실전 Tip
  1) 블로그 고수들이 사용하는 1일 1포스팅 비법　　　125
  2) 똥 손도 전문가로 만들어주는 템플릿 마법 효과　　　128
  3) 스마트폰에 저장된 이미지 1초만에 PC로 옮기는 방법　　　131
  4) 저작권이 없는 무료 이미지 사이트 활용하기　　　133
  5) 더 빠르게 블로그내 이미지 활용하기　　　135
  6) PC로 글을 쓰지만 모바일 버전까지 한 번에 확인하기　　　136
  7) 블로그 글감(소재) 찾는 5가지 방법　　　137

Part3. [인스타그램] 지금 가장 핫한 인스타그램 마케팅

인스타그램 마케팅은 더 이상 선택이 아닌 필수   139

1. 인스타그램 계정 유형 선택하기   144

2. 가장 먼저 시작하기 좋은 계정   150

3. 지속할 수 있는 콘텐츠 찾기   152

4. 비즈니스 성공을 돕는 3종 세트   156

5. 전략적으로 프로필 세팅하기   159

6. 벤치마킹은 무언가를 시작할 때 최고의 전략   168

7. 이제는 실전, 인스타그램 시작하기   172

8. 인스타그램 메인 기능 5가지   174

9. 인스타그램 게시물 업로드하기   191

10. 인스타그램 운영 노하우   199

11. 인스타그램 게시물 홍보하기   215

12. 좋아요와 팔로워를 늘리는 방법   219

맺음말   223

머리말

여전히 오프라인에 살고 있는 당신의 브랜드를
디지털 세상으로 연결시켜주는, 디지털 실행마케터 임수정입니다.

코로나 팬데믹 이후 온라인 세상은 더욱 빠르게 진행되고 있습니다.
오프라인에서만 존재하는 브랜드는 더 이상 살아남기 힘든 세상입니다. 이제 우리가 원하던, 원하지 않던 온라인 세상으로 넘어가야 하는 이유입니다.

〈배우면서 바로 써먹는 블로그&인스타그램 마케팅 가이드〉는 개인 사업을 운영하는 초보 사장님, 아직 사업을 운영하고 있지는 않지만 향후 운영할 계획이 있는 예비 사장님, 신입 마케터, 강사, 코치, 컨설턴트 등 퍼스널 브랜딩이 필요한 전문직 종사자, 온라인 마케팅을 이제 막 시작해서 가이드가 필요한 모든 분들을 위해 준비되었습니다.

온라인 마케팅의 기본 개념부터 초기비용 없이 무자본으로 시작할 수 있는 블로그 마케팅 그리고 지금 가장 핫한 인스타그램 마케팅까지. 책을 읽으면서 바로 써먹을 수 있도록 한 권으로 요약한 온라인 마케팅 요약본입니다.

Part1. 온라인마케팅 입문에서 활용까지
온라인 마케팅 시작 전, 반드시 알아야 하는 것들

- 사장님들, 마케팅과 광고의 차이 알고 시작하시나요?
- 사장님들이 온라인광고를 더 선호하는 이유
- 사업자라면 반드시 알고 시작해야 할 3가지
- 사업자라면 반드시 알아야 하는 광고 종류

사장님들, 마케팅과 광고의 차이
알고 시작하시나요?

마케팅과 광고는 같다? 다르다?

여러분, 마케팅이 뭐라고 생각하시나요? 혹시 마케팅과 광고가 같은 개념이라고 생각하시나요? 지금 막 사업을 시작한 초보 사장님, 이제 곧 시작할 예비 사장님, 비즈니스 홍보가 필요한 대부분의 사람들은 가장 기본 개념인 마케팅과 광고의 개념부터 혼동합니다.

그래서 광고를 많이 하면 매출이 무조건 올라야 한다고 생각합니다. 왜냐, 내가 광고비를 계속 쓰고 있으니까. 하지만 그렇지가 않습니다. 매출이 올라가려면 광고가 아닌 마케팅이 잘 되야 합니다.

마케팅과 광고의 사전적 의미

먼저 마케팅과 광고의 사전적 의미를 알아봅니다. 마케팅은 상품 및 서비스를 소비자에게 판매하는데 있어 필요한 모든 전반적인 활동을 말합니다. 광고는 불특정 다수에게 많이 알리는 것, 즉 노출을 말하며, 이는 마케팅에 포함된 일부분입니다. 마케팅과 광고는 비슷해 보이지만 이렇듯 정의하는 범주가 다릅니다. 조금 더 자세히 알아보겠습니다.

페이스북 마케팅 Vs. 페이스북 광고

페이스북 마케팅 Vs. 페이스북 광고

다음 문장을 입으로 말하며 생각해보세요. '나는 지금 페이스북 마케팅을 한다.' '나는 지금 페이스북 광고를 한다.' 어떠신가요? 두 개념의 차이가 느껴지나요?

페이스북 마케팅을 한다고 하면 신제품을 출시하는 일부터 타깃을 분류하고 광고 문구를 정하는 일, 광고 예산과 상품가격을 조정하는 일 등 광고를 포함한 소비자를 설득하는 일련의 모든 과정을 말합니다.

반면에 페이스북 광고를 한다고 하면 소비자에게 메시지를 전달하는 최종 수단, 그것이 페이스북이 될 수도 있고, 인스타그램이 될 수도 있고, 유튜브가 될 수도 있습니다. 즉 고객에게 노출되는 수단을 말합니다. 만약 마케팅 단계에서 타깃을 다르게 설정하거나, 매력적인 광고 문구를 뽑아내지 못하고 광고를 집행하고 있다면 여러분은 지금 돈만 쓰고 있는 겁니다.

돈을 써서 광고를 하는데도 매출이 오르지 않는다면

매출이 늘지 않아요!

　나름 마케팅 공부를 하고 이것저것 알아봐서 광고를 집행했는데 매출이 오르지 않자 속이 타기 시작합니다. 이유를 알기 위해 대행사에 문의해보지만 별다른 답변을 들을 수가 없습니다. 안타깝게도 광고주가 모르고 있는 한 대행사는 알아서 척척 해주지 않습니다.

　많은 사업자들이 광고를 집행하면 당연히 매출이 올라야 한다고 생각합니다. 왜냐, 광고비를 쓰고 있으니까요. 하지만 광고를 하는데도 매출이 늘어나지 않는다면 그 앞 전의 마케팅 단계에서 다른 문제점이 없는지 확인해봐야 합니다.

- **홈페이지 방문자는 많이 오는데 상담전화가 없어요!**
- **상담전화는 많이 오는데 정작 방문이 없어요!**
- **방문자는 많이 오는데 매출은 계속 떨어집니다!**
- **광고를 해도 홈페이지 자체에 들어오는 사람이 없어요!**

　위의 문제점들이 내 사업장 고민거리에 하나라도 해당된다면 반드시 짚고 넘어가야 합니다.

■ 홈페이지 방문자는 많이 오는데 상담전화가 없다면?

광고를 집행해서 홈페이지로 유입은 되는데 정작 그 다음 단계인 상품클릭, 회원가입, 상담전화 등의 전환이 나오지 않는다면 이것은 광고 집행의 문제가 아니라 홈페이지 내부의 문제일 수 있습니다. 홈페이지의 로딩속도는 적절한지, 페이지 내 오류는 없는지, 구매로 전환될 수 있는 단순하고 직관적인 UI 디자인인지 확인해야 합니다. 만약 홈페이지가 완료되지 않았다면 광고 집행을 할 필요가 없습니다.

■ 상담전화는 많이 오는데 정작 방문이 없다면?

또한 광고를 집행하고 홈페이지로 유입된 뒤 상담전화 문의도 이어지는데, 정작 상담 후 매장으로 방문하는 고객이 없어 고민하는 분들이 있습니다. 이것 또한 광고 집행의 문제가 아니라 상담 진행 시 문제가 있을 수 있습니다. 상담사가 불친절했는지, 매장 방문으로 이어질 수 있을 만큼 매력적으로 어필하고 있는지 등 확인이 필요합니다.

■ 방문자는 많이 오는데 매출은 계속 떨어진다면?

같은 문제로 매장을 방문해도 매출이 오르지 않는다면 실제 고객이 매장에 들어오는 순간부터 나가는 순간까지 불편한 점은 없는지, 제품을 구매하고 싶은 욕구가 생기는지 철저히 고객의 입장에서 체크해봐야 합니다.

■ 광고를 해도 홈페이지 자체에 들어오는 사람이 없다면?

그러나 만약 광고를 집행해도 홈페이지 자체에 들어오는 사람이 없다면 이것은 광고의 문제입니다. 광고의 역할인 유입이 없는 것이죠. 마케팅 단계에서 타깃 설정이 제대로 되었는지, 타깃이 모여 있는 곳에 광고를 집행하고 있는지, 광고 소재가 타깃에 어필이 되고 있는지 등 문제점을 파악하여 광고를 변경해야 합니다.

마케팅과 광고를 분리해야 하는 이유

그래서 마케팅과 광고의 개념을 이해하고 각각의 역할을 분리해야 합니다. 광고를 한다는 것은 상품을 노출시키고 내 홈페이지로 유입시키는 것 즉, 사람을 모으는 것 까지가 광고의 역할입니다. 그런데 광고를 해도 매출이 늘어나지 않는다면 마케팅 단계에서 무엇이 잘 못되고 있는지 문제점을 파악하고 개선해야 합니다. 앞서 말씀드렸듯이 광고주가 모르고 있는 한 광고 대행사가 알아서 척척 모든 것을 짚어주지는 않습니다. 광고대행사는 활용의 대상이지, 의존의 대상이 되면 안 되는 것이죠.

우리의 목표는 결국 홈페이지로 사람을 모으든, 블로그로 모으든, 유튜브로 모으든 '온라인으로 사람을 모으는 것'입니다. 사람이 모여야 내 제품이나 서비스를 알리고 홍보할 수 있습니다. 광고는 그런 사람을 모으기 위한 하나의 수단입니다.

사장님들이 온라인광고를
더 선호하는 이유

온라인광고 Vs. 오프라인광고

광고의 종류를 1차원적으로 나누면 온라인광고와 오프라인광고로 나뉩니다. 온라인광고는 말 그대로 온라인에서 이루어지는 광고입니다. 우리가 흔히 알고 있는 인스타그램, 페이스북, 유튜브 등 SNS 광고가 여기에 속합니다.

오프라인광고는 오프라인에서 이루어지는 광고입니다. 길을 가다 볼 수 있는 매장 간판, 지하철에서 나누어 주는 전단지광고, 버스에 붙어있는 버스광고 등이 모두 오프라인광고에 속합니다. 과거에는 오프라인광고가 압도적으로 많았다면, 지금은 온라인광고로 빠르게 전환되는 추세입니다. 왜 그럴까요? 코로나19의 영향으로 온라인 시장이 가속화된 것도 있지만 거기에는 또 다른 이유가 있습니다.

온라인광고와 오프라인광고의 가장 큰 차이점

  예를 들어 볼게요. 여기 스타벅스 매장이 있어요. 이 스타벅스 매장은 사람들이 자기를 잘 찾아올 수 있게 매장 간판도 예쁘게 달고, 내부 인테리어도 꾸미고, 매장 앞에 이벤트를 진행한다는 배너도 놓았습니다. 1차원적인 관점에서 간판, 인테리어, 배너광고는 오프라인광고에 속합니다. 자, 그럼 돈을 들여 꾸며 놓았는데 어떤 성과가 나왔는지 확인해야겠죠.

- 이 간판을 몇 명이 봤는지 알 수 있는가? (노출수)
- 이 간판을 보고 몇 명이 방문했는지 알 수 있는가? (유입수)
- 이 간판을 보고 들어온 사람 중 얼마의 매출이 발생했는지 알 수 있는가? (전환수)

스타벅스 매장 사장님은 이러한 성과를 알 수 있을까요? 누가 매장 밖에서 일일이 확인하는 사람이 있을까요? 불가능합니다. 지하철 앞에서 나누어 주는 전단지는 어떨까요? 전단지를 20대에게 줬는지, 30대에게 줬는지, 몇 명에게 줬는지, 그걸 받은 사람 중에 몇 명이 우리 카페로 오는지 정확하게 알 수 없습니다.

　그러나 만약 온라인으로 진행하는 페이스북 광고를 했다면 어떨까요? 사람들에게 그 광고가 몇 번 노출되었고(노출수), 노출된 사람 중 몇 명이 클릭하였고(클릭수), 클릭한 사람 중 몇 명이 이탈하지 않고 우리 홈페이지에 들어왔는지(유입수), 그로 인해 매출액이 얼마가 발생되었는지(전환수), 자세한 광고성과의 측정이 가능합니다. 온라인광고와 오프라인광고의 가장 큰 차이는 이처럼 광고성과의 측정이 가능하냐, 불가능하냐의 차이입니다.

감이 아닌 정확한 수치!

　측정이 가능하다는 것은 무엇이 잘못되었는지 개선이 가능하다는 것입니다. 그리고 개선이 가능하다는 것은 이전보다 성과를 향상시킬 수 있다는 것입니다. 측정할 수 없다면 관리할 수도 없고, 개선할 수도 없습니다. 감으로는 개선할 수 없습니다. 감이 아닌 정확한 수치로만 개선이 됩니다. 광고주 역시 투입한 광고비 대비 얼마의 성과가 났는지 정확한 수치를 원하기 때문에 지금은 온라인광고로 많이 전환되고 있습니다.

사업자라면 반드시
알고 시작해야 할 3가지

이제 막 사업을 시작하는 초보 사장님, 향후 사업을 시작할 예비 사장님, 나를 브랜딩 해서 알려야 하는 전문직 종사자분들, 온라인 마케팅을 통해 수익화를 원하는 분들이라면 다음의 3가지 질문에 대답할 수 있어야 합니다. 다음의 3가지는 온라인 마케팅에서 가장 중요합니다.

- 내 고객은 어디서 나를 찾는가? (채널)
- 내 고객은 어떤 키워드로 나를 검색하는가? (키워드)
- 내 고객은 내가 원하는 반응을 보이는가? (반응)

내 고객은 어디서 나를 찾는가? (채널)

가장 먼저 채널에 대해서 알아보겠습니다. 채널(Channel)이란 어떠한 일을 이루는 방법이나 정보가 전달되는 경로를 말합니다. 즉, 내 콘텐츠를 잠재 고객에게 노출시키기 위해 인터넷 어디를 선택할 것인지를 말합니다.

누적방문자수 4,200만 명, 일간방문자수 3,000만 명(출처:네이버 기업소개)인 대한민국 최대 포털 사이트 네이버가 있습니다. 인구의 절반이상이 매일 방문하는 네이버만 봐도 무수히 많은 채널이 있는 것을 확인할 수 있습니다.

〈출처 : 네이버〉

네이버에 '종로맛집'을 검색해보면 순서대로 파워링크, 플레이스, 새로 오픈했어요, View, 지식인, 비즈사이트, 연관검색어 등 수많은 채널이 보여집니다. 이뿐인가요? 웹사이트, 뉴스, 이미지, 동영상도 있습니다. 네이버만 봐도 이렇게 많은 채널 중에서 우리는 어떤 채널에 집중해야 고객에게 더 많이 노출되고 좋은 홍보 효과를 얻을 수 있을까요? 이 말은 반대로 고객들이 내 사업에서 구매를 결정할 때 어떤 채널을 이용하게 되는지 생각해 봐야 합니다.

Quiz.
여러분이 종로에서 음식점을 운영하고 있다면 어떤 채널이 중요할까요?

이 말은 고객들이 어떤 채널을 보고 음식점을 결정하는지에 달렸습니다. 아마 고객들은 다른 어떤 채널보다 실제 음식점을 방문한 사람들의 리뷰가 중요할 겁니다. 방문 전 네이버 View탭에서 음식점 위치, 메뉴, 내부 인테리어, 가격, 분위기를 보고 '오늘은 여기 가자!' 하는 경우가 많겠죠. 음식점을 검색하는데 뉴스나 지식인을 검색해 보고 오는 경우는 많지 않으니까요.

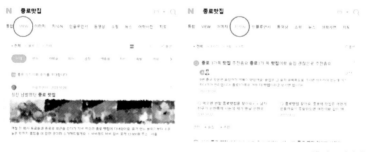

〈출처 : 네이버〉

여러분이 성형외과를 운영하고 있고 온라인 마케팅을 하려고 한다면 어떤 채널이 중요할까요?

내 고객들은 어떤 채널을 보고 성형외과를 선택하는지 알아야 합니다. 아마 네이버에서 이것저것 검색하고, 리뷰도 보고 카페도 보겠지만 결국 최종 결정은 성형외과 홈페이지에 직접 들어와서 '수술은 어떻게 하는지, 누가 하는지, Before/After에 대한 실제 후기들'을 보고 선택할 겁니다. 만약 검색했는데 홈페이지가 없고 리뷰만 있는 성형외과는 신뢰도 면에서 떨어질 수밖에 없습니다. 즉, 내 사업의 고객들이 구매를 결정할 때 어떤 채널을 이용하게 되는지 생각해보세요. 그리고 거기서부터 시작해야 합니다.

어떤 사업을 하든 네이버에 대표 키워드로 검색했을 때, 모든 채널에 내 브랜드가 도배되어 있다면 고객의 신뢰를 받을 수 있습니다. 반대로 내 브랜드 이야기가 전혀 없다면 신뢰를 받을 수 없습니다. 여러분도 생각해보세요. 어떤 브랜드를 검색했는데 아무것도 뜨지 않는다면 구매를 선뜻 할 수 있을까요? 그러나 처음부터 모든 채널을 공략할 수는 없습니다. 먼저 메인 채널을 선택하고 거기서부터 시작해보세요.

**당신의 고객은 구매를 결정할 때
어떤 채널을 가장 많이 이용하나요?**

내 고객은 어떤 키워드로 나를 검색하는가? (키워드)

 두 번째로 나의 고객들은 어떤 키워드로 나를 검색해서 찾는지, 실제 고객의 언어를 파악하고 수집해야 합니다. 온라인은 모든 것을 키워드로 검색합니다. 여러분이 '오늘 날씨'가 궁금하면, 네이버에 '오늘 날씨'라는 키워드를 검색해서 정보를 얻습니다. 홍대에 있는 횟집을 찾고 있다면, '홍대 횟집'이라는 키워드로 검색해서 찾게 됩니다. 이렇듯 고객이 나를 찾을 때, 어떤 '키워드'로 검색하고 나를 찾게 되는지 고객의 언어를 많이 알고 있어야 합니다.

Quiz.
여러분은 지금 종로에 있습니다. 그런데 이빨이 아파서 치과를 가려고 합니다. 그러면 네이버에 어떤 키워드로 검색하실 건가요?

'종로치과'
'종각치과'
'종각역치과'

 가장 먼저 '종로치과'가 떠오릅니다. 그런데 종로에 사는 14만 명이 모두 종로치과로 검색할까요? 그렇지 않습니다. 누구는 종로치과 대신 종각치과, 종각역치과, 종로2가치과, 종로3가치과로 검색할 수도 있고, 누구는 집이 종로이지만 광화문에 갈 일이 있어 가는 김에 '광화문치과'로 검색할 수도 있습니다. 뿐만 아니라 '종로구치과', '종로치과추천', '종로임플란트', '종로임플란트치과' 등 자신에게 필요한 키워드로 검색할 수도 있습니다. 우리는 여기서 고객이 나를 찾는 언어는 한 가지가 아니라는 것을 알 수 있습니다.

연관키워드	월간검색수(PC)	월간검색수(모바일)	합계
종로치과	430	1,450	1,880
종각치과	210	570	780
종각역치과	70	170	240
종로3가치과	30	110	140
광화문치과	500	1,080	1,580

〈출처 : 네이버 검색광고〉

우리가 보기엔 세가지 키워드가 별 차이 없어 보이지만 사람들이 한 달 동안 네이버에 검색하는 월간 검색량은 이렇게 차이가 납니다. '종로치과' 키워드가 다른 키워드보다 2배 이상 많이 검색한다는 것, 즉 수요가 높다는 것을 알 수 있습니다.

또한 PC에서 검색하는 것보다 모바일에서 더 많은 검색이 이루어지고 있습니다. 이 말은 PC에서 글을 작성하더라도 우리의 잠재 고객은 모바일로 보기 때문에 모바일 가독성을 신경 써야 한다는 것이죠. 이렇게 내 고객은 나를 찾을 때 어떤 키워드로 검색하는지, 내 사업과 직접적으로 연관이 있으면서도 검색량(수요량)도 어느 정도 있는 키워드를 찾아내야 합니다.

내 고객은 내가 원하는 반응을 보이는가? (반응)

　메인 채널을 정하고, 키워드를 찾아내어 열심히 콘텐츠를 제작합니다. 블로그 포스팅이 될 수도 있고, 관심 있는 사람들이 모여 있는 커뮤니티에 가서 글을 쓸 수도 있습니다. 또는 홈페이지 상세페이지를 고객의 키워드로 바꾸어 꾸밀 수도 있습니다. 그러면 잠재고객이 나의 메인 채널에 들어와 글을 남기거나, 문의를 하거나, 가입을 하거나, 제품을 구매하는 등 어떤 반응이 있어야 합니다. 그래야 이것이 매출로 전환될 확률이 높겠죠. 만약 아무런 반응이 없다면 무엇이 문제인지 고민하고 다시 전략을 세워야 합니다.

당신의 메인 채널은 어디인가요?
당신의 고객은 어떤 키워드로 당신을 검색하나요?
고객의 반응은 제대로 살피고 있나요?

사업자라면 반드시
알아야 하는 광고 종류

 광고의 종류에는 여러 가지가 있지만, 여러분이 사업을 할 때 광고비를 쓰게 된다면 가장 먼저 접하게 될 3가지에 대해 말씀드려보겠습니다.

〈광고의 3가지 종류〉

대한민국 대표 포털사이트 '네이버 키워드 광고'

   키워드 광고란 네이버에 '홍대 맛집', '청바지' 등 어떤 키워드로 검색했을 때 보이는 유료광고를 말합니다. 검색량이 가장 많은 대한민국 대표 포털사이트 네이버에서 '키워드로 검색 시 가장 상단에 노출'되어 검색자들이 첫 번째로 보게 되는 광고가 있습니다. 바로 파워링크입니다. 뿐만 아니라 키워드로 검색 시 보이는 네이버쇼핑, 파워컨텐츠, 브랜드 검색광고 등도 네이버 키워드 광고에 속합니다.

〈출처 : 네이버〉

   이런 키워드 광고는 광고주가 '네이버 광고 시스템'이라는 곳에 광고비를 미리 충전해 놓고 고객이 우리 홈페이지를 클릭할 때마다 충천해 놓은 광고비가 차감되는 시스템입니다. 이 말은 반대로 클릭하지 않으면 광고비는 차감되지 않습니다. 70원부터 광고가 가능하여 1) 소액으로도 광고를 할 수 있다는 점 2) 대한민국 대표 포털사이트 네이버에서 가장 상단에 노출된다는 점에서 사업을 할 때 많은 사람들이 이용하게 되는 온라인광고입니다. 단점은 우리 고객이 아닌 누구나 클릭할 수 있으므로 리스크가 높다는 점입니다.

옆집 언니가 이야기 하듯 입소문을 통해 퍼지는 '바이럴 광고'

바이럴(Viral)이란 Virus(바이러스)의 형용사라는 뜻이 있습니다. '정보의 확산속도가 바이러스처럼 빠르다'라고 해서 바이럴이란 이름이 붙었습니다. 옆집 언니가 이야기 하듯 입소문을 통해 빠르게 퍼지는 바이럴 마케팅은 블로그, 인스타그램, 페이스북, 트위터, 카페, 지식인 등 다양한 채널에서 이용할 수 있습니다.

블로그는 '이웃'의 힘을 빌려서 바이럴을 합니다. 페이스북, 인스타그램은 '팔로워'의 힘을 빌려서 바이럴을 합니다. 유튜브는 '구독자'의 힘을 빌려서 우리의 제품이나 서비스를 알리고 자연스럽게 공유가 되도록 마케팅을 합니다. 한 번 바이럴에 성공하면 빠른 속도로 내 콘텐츠가 공유되고 소비자들에게 높은 신뢰감을 제공할 수 있습니다. 흔히 말하는 파워블로거, 인플루언서를 활용한 마케팅도 바이럴 마케팅의 하나입니다. 바이러스가 전염되듯 소비자들의 입소문을 통해 퍼지는 효과가 커서 온라인에서 활발하게 이루어지고 있습니다.

카페는 바이럴의 힘이 가장 큽니다. 그 이유는 한 사람이 아닌, 여러 사람이 이야기를 하기 때문입니다. 또한 카페에는 우리 멤버, 우리 식구라는 멤버십이 있습니다. 그래서 어떤 정보가 주어졌을 때 정보에 대한 정확한 분석 없이 그대로 공유하고 확산시켜 이슈를 만드는 것이 특징입니다.

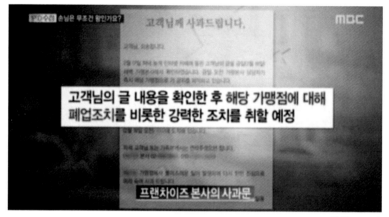

고객님의 글 내용을 확인한 후 해당 가맹점에 대해 폐업조치를 비롯한 강력한 조치를 취할 예정

〈출처 : MBC〉

카페에서 작은 글로 시작했다가 잘 못 소문이 나면서 폐업을 했던 사례도 다수 있었습니다. 이렇게까지 되는 이유는 정보가 주어졌을 때 정확한 분석을 하지 않고 직관적으로 믿어 버리기 때문입니다.

이것이 바이럴 마케팅의 핵심입니다. 우리가 매일 하는 블로그, 인스타그램에서 콘텐츠가 좋으면 그대로 공유하고 퍼트리지, 그걸 보고 어떤 정보의 분석을 하진 않죠. 이렇게 직관적으로 믿게 만들어 빠르게 입 소문이 나도록 하는 것을 말합니다.

합법적으로 가능하다면 최고의 마케팅 '스팸 광고'

스팸 광고란 우리가 잘 알고 있는 메일이나 우편, 문자, 인터넷 게시판 등을 통해 불특정 다수에게 보내는 무작위 광고입니다. 네이버의 경우 그 사람의 메일주소를 묻지 않아도 블로그 아이디 뒤에 @naver.com만 붙이면 바로 보낼 수 있습니다. 그러나 이는 불법이며 많은 사람들이 스팸 메일에 피로감을 느끼고 있습니다. 하지만 스팸 메일이어도 나에게 꼭 필요한 정보라면 어떨까요?

정보 Vs. 광고

여러분에게 스팸 메일이 왔습니다. 자동차를 정가보다 30% 싸게 구입할 수 있다는 내용인데 여러분은 지금 당장 자동차를 살 계획이 없습니다. 그럼 이 메일을 클릭해서 확인해 볼까요?

반대로 이번에 곧 새 차를 구입하려고 합니다. 이곳 저곳 돌아다니면서 괜찮은 가격에 판매하는 곳이 있는지 알아보고 있어요. 근데 때마침 내가 원하는 차종이 30% 세일한다고 메일이 왔습니다. 여러분은 이 메일을 클릭해서 확인해 볼까요? 아니면 삭제할까요?

스팸 메일도 나에게 필요한 내용이라면 정보가 되고, 필요하지 않다면 광고가 됩니다. 내가 판매하려는 제품 및 서비스를 필요한 사람들에게 합법적으로 보낼 수 있다면 이것이야 말로 최고의 마케팅이 될 수 있습니다.

Part2. [블로그] 무자본으로 시작하는 블로그 마케팅
광고대행사 없이 나 혼자 시작하는 실전 블로그 A부터 Z까지

- 블로그 운영 전 반드시 짚어야 하는 체크리스트
- 블로그로 돈을 번다고? 네이버 블로그 수익창출 종류
- 블로그는 레드오션? 지금은 유튜브를 해야 하지 않나요?
- 뾰족하게 나를 드러내는 브랜딩 블로그 실전 세팅법
- 지금은 모바일 전성시대, 모르면 손해 보는 모바일 세팅법
- 작은 회사일수록 상위노출 전략은 확실하게 알아야 한다
- 상위노출, 방문자 유입을 늘리는 세부 키워드 공략법
- 배우면서 바로 써먹는 네이버 블로그 실전 Tip

블로그 운영 전

반드시 짚어야 하는 체크리스트

(이 질문에 대답하지 못한다면 결코 블로그를 시작해서는 안 된다)

당신은 블로그를 왜 하고 싶은가요?

수많은 책들 중에서 이 책을 집어 들어 목차를 읽고, 머리말을 읽고, 여기까지 읽고 있는 여러분은 아마도 블로그의 능력을 믿는 분일 겁니다. 그리고 이제 정말 제대로 해보려는 생각을 하고 있는 것이겠죠. 그런 여러분께 제가 질문 하나 드리겠습니다. 여러분은 블로그를 왜 하고 싶은가요? 앞으로 블로그를 키우는 과정이 쉽지 않을 겁니다. 그럼에도 불구하고 블로그를 시작하기로 다짐했다면 이제 블로그를 통해 꿈을 명확하게 표현해야 합니다.

블로그를 통해 어떤 것들을 이루고 싶으신가요?

초보 사장님, 예비 사장님은 블로그를 통해 내 제품을 홍보하고 매출을 올리고 싶어합니다. 이직, 퇴사를 꿈꾸는 분들은 지금 당장은 아니지만 언젠가 이룰 내 꿈을 위해 준비한다고 합니다. 주변을 둘러보니 이미 많은 사람들이 블로그로 수익화를 이루었다고 하니까 이 참에 나도 한 번 배워보자 싶으신 분들도 있습니다. 이유가 어찌됐건 다 좋습니다. 블로그를 시작하기로 마음먹었다면 **이 블로그를 통해 무엇을 얻고 싶은지**에 대한 고민이 선행되어야 합니다. 그리고 그 고민의 결과는 명확하게 표현되어야 합니다. 방문자를 많이 받고 싶으신가요? 얼만큼 받고 싶으신가요? 조회수를 많이 얻고 싶으신가요? 얼마의 조회수를 얻으면 만족할까요? 매출을 높이고 싶다면 언제까지, 얼마의 금액을 만들고 싶은지, 그러려면 나는 지금 무엇을 해야 하는지 역으로 계산을 해보는 겁니다.

올해 목표 1억!!

만약 년간 1억을 벌고 싶다면 한 달에 830만원을 벌어야 하고 이건 하루에 27만원은 벌어야 한다는 이야기입니다. 하루에 27만원을 벌기 위해선 일하는 직원이 3명일 때 한 사람당 9만원은 벌어야 합니다. 한 사람당 9만원을 벌기 위해선 상담예약이 어느 정도 필요한지, 상담 예약률을 올리기 위해서 우리는 무엇을 할 수 있는지, 이 모든 것들이 구체인 숫자와 함께 고민되어야 합니다. 이렇게 목표가 명확할수록 그 일을 위해 어떠한 것을 준비해야 하는지 계획을 세울 수 있습니다.

당신은 시간을 잘 계획하는 사람인가요?

- 나는 평소에 시간을 잘 관리하는가?
- 나는 하루에 2시간 이상을 블로그에 투자할 수 있는가?
- 나는 무언가를 위해 시간을 비워 본적이 있는가?

만약 위의 질문에 모두 '아니오'라는 대답이 나온다면 사실 이 책뿐만 아니라 다른 블로그 책도 볼 필요가 없습니다. 여러분의 소중한 시간과 돈을 낭비하지 마세요. 지금은 시간을 계획하는 것이 먼저입니다.

매일 열심히만 사는 사람들

매일 열심히만 사는 사람들은 특징이 있습니다. 그 사람들은 늘 바쁘고, 계속 바쁘고, 항상 무언가를 하고 있습니다. 하고 싶은 것은 많은데 시간과 에너지는 부족합니다. 열심히 해도 완성이 되질 않습니다. 무엇보다 가장 큰 문제는 노력대비 성과가 나지 않는다는 것입니다. 이런 분들은 어떻게든 결과물을 만들어 낼 수 있도록 성공할 수밖에 없는 계획을 세워야 합니다. 목표를 세우고, 그에 따른 세부 목표를 만들고, 그것을 실행할 수 있도록 시간을 계획하세요.

<u>당신이 블로그를 포기하는 이유 3가지</u>

1) **목표가 없어서**
2) **시간이 없어서**
3) **글감이 없어서**

다시 한번 말씀드립니다. 이 3가지는 블로그뿐만 아니라 어느 플랫폼을 구축하더라도 고민해결이 선행되지 않는다면 포기하게 될 가능성이 높습니다.

목표가 없어서

블로그를 하는 명확한 목표가 없다면 운영하는 내내 어떤 콘텐츠를 올려야 할지 고민하게 되고 방향성을 잃어 지속할 수 있는 힘이 없어집니다. 그러면 처음에는 열정적으로 시작하더라도 중간에 포기하게 됩니다. 단순히 부수입을 얻고 싶다는 생각에 블로그에 아무 글이나 써본다고 가정해볼게요. 부수입을 위해 1일 1포스팅도 하고 열심히 글을 씁니다. 그런데 몇 일이 지나도 부수입은 발생하지 않고 점점 귀찮아집니다. 고민 없이 시작했기에 결국 주제가 불분명해지고 어떤 콘텐츠를 올려야 할지 매일이 고민입니다. 방문자가 늘지 않으니 재미도 없고 다시 포기하게 됩니다.

이런 악순환이 계속되는 이유는 내가 지금 이 블로그를 통해 얻으려는 목표가 불명확하기 때문입니다. 목표가 있다면 그 목표를 위해 지금 내가 해야 하는 일을 찾게 됩니다. 그리고 시간을 분배해 매일 그 일을 해 나가게 됩니다.

시간이 없어서

"저는 직장인이라 아침부터 저녁까지 회사 업무를 해야 합니다. 회사가 끝나고 집에 돌아오면 지쳐서 아무것도 할 수가 없습니다."
#직장인A씨

"저는 딸 하나, 아들 하나를 키우고 있는 엄마입니다. 하루 종일 집에 있어도 해야 할 일이 넘쳐 제 시간을 확보하는 것은 거의 불가능합니다." #육아맘O씨

"포스팅 쓰려고 앉으면 3시간은 훌쩍 지나가요. 오늘 쓸 내용을 정했는데도 너무 오래 걸려서 꾸준히 하기가 힘들어요."
#취준생K씨

모든 사람에게는 하루 24시간의 시간이 공평하게 주어집니다. 그리고 누구에게나 중요한 일들이 있습니다. 그렇기에 삶의 우선순위는 본인만이 정할 수 있습니다. 블로그를 포기하는 이유 두 번째는 블로그가 그만큼 여러분 삶에 중요하지 않기 때문입니다. 다시 한번 생각해보세요. 블로그를 지금 꼭 해야 하는지, 이걸로 무엇을 얻고 싶은지. 목표가 뚜렷하지 않으면 지속할 수 없습니다. 그러나 목표를 정했다면 시간을 만들어야 합니다.

애니메이션 강철의 연금술사에는 '등가교환의 법칙'이 나옵니다. 1,000원을 주면 1,000원에 해당하는 물건을 교환할 수 있듯이, 무언가를 얻고자 한다면 그에 해당하는 다른 가치를 포기해야 합니다. 블로그를 시작해야 하는 이유가 명확하다면 잠자는 시간을 줄이던, 친구와의 약속을 줄이던 먼저 글 쓰는 시간을 확보하세요.

글감이 없어서

블로그를 운영할 때 가장 중요한 건 꾸준히, 계속해서 글을 써야 한다는 겁니다. 블로그 주제가 정확하게 있어도 같은 내용의 포스팅을 발행하는 것은 쉽지 않습니다. 하물며 주제가 없는 분들이 포스팅을 꾸준히 발행하는 것은 더더욱 어렵습니다. 그래서 매일 고민하다가 쓰게 되는 것은 결국 일기입니다. 아무도 궁금하지 않은 나의 하루이죠.

블로그는 당신의 일기장이 아니다

그렇게 써서는 블로그를 통해 원하는 목표를 이룰 수 없고, 제대로 성장시킬 수 없습니다. 내가 하고 싶은 이야기가 아니라 내 고객이 듣고 싶어 하는 이야기를 써야 합니다. 내가 정한 주제와 관련하여 고객이 궁금해하는 이야기를 모아 정보성 콘텐츠를 지속적으로 발행해야 합니다. 만약 여러분이 이런 정보성 콘텐츠를 꾸준히 발행할 수 있다면 더 이상 블로그 마케팅을 배우지 않아도 됩니다.

블로그(SNS) 운영계획표

항목	내용
이름/작성날짜	
나의 닉네임	그렇게 지은 이유
프로필 소개글	나는 어떤 사람인가? 내 블로그여야 하는 이유
주제 정하기	나는 어떤 블로그로 시작하고 싶은가?
메인 카테고리 하위 카테고리	구체적으로 어떻게 다룰 것인가? 1) 광고글 카테고리 2) 정보글 카테고리 3) 일상글 카테고리
블로그 월 목표	블로그 월 목표는 무엇인가?
블로그 년 목표	1년 후 블로그를 통해 무엇을 얻고 싶은가?
차별화 전략	나만의 운영 차별화 전략은 무엇인가?
모델링 주소	내가 닮고 싶은 블로그는?
모델링 장단점	모델링 운영의 장단점 또는 닮고 싶은 점

마음을 가다듬고 앉아서 블로그 운영 계획표를 작성해보세요. 목표를 구체화시키고 시각화 시키는 순간 여러분의 꿈은 이루어질 수밖에 없습니다.

블로그로 돈을 번다고?
네이버 블로그 수익창출 종류

수업을 하다 보면 막연하게 '블로그를 한 번 시작해볼까?'하고 오셨던 분들이 온라인이라는 더 큰 세계를 알고 깜짝 놀랍니다. 블로그로 부수입을 만들고 싶다는 생각만 했지, 구체적으로 어떤 수익을 만들 수 있는지에 대해서는 모르는 분들이 많았습니다. 이번 챕터에서는 블로그를 통해 어떤 수익을 창출할 수 있는지 수익구조에 대해 자세히 알아보도록 하겠습니다.

1. 네이버 광고 수익, 애드포스트

> **" 매일 똑같이 글만 쓰는데
> 따박따박 광고 수입이 들어와요! "**

블로그를 하면 가장 먼저 도전하게 될 광고수익, 바로 애드포스트입니다. 내가 글을 쓰면 그 글에 광고가 자동으로 붙어 광고에서 발생한 수익을 네이버가 배분해주는 시스템입니다. 나는 아무 대가 없이 글만 썼는데 광고수익까지 챙길 수 있으니 이왕 블로그를 할거라면 애드포스트를 신청해 보라고 추천드립니다. 그러나 신청한다고 모두 가능한 것은 아닙니다. 다음의 3가지 조건을 충족시킨 후 신청해보세요. 혹시 승인되지 않더라도 1~2주의 시간을 두고 다시 신청하여 승인될 때까지 해봅니다. 별도의 패널티는 없습니다.

애드포스트 개설 조건 3가지
블로그 개설일 90일 이상(약 3개월 이후)
블로그 포스팅 발행수 50개 이상(전월 누적 기준)
블로그 평균 방문자수 100명 이상(필수조건은 아님)

2. 블로그 원고, 기자단, 써포터즈

" 블로그 글 1개만으로
10만 원을 벌었어요! "

　블로그 원고, 기자단, 써포터즈 역시 블로그를 통해 부수입을 만들 수 있는 방법 중 하나입니다. 이들은 우리가 많이 아는 체험단과는 또 다른 성격을 지니고 있습니다. 체험단은 제품을 배송 또는 방문하여 무료로 체험하고 리뷰를 쓰는 것이라면, 이들은 업체에서 원고와 사진을 따로 제공받아 리뷰를 쓰는 방식입니다. 그렇다 보니 '원고료'라는 명목으로 비용이 따로 있습니다. 비용은 업체마다 천차만별이지만 1건에 10만원을 주는 곳도 더러 생겼습니다.

〈출처 : 레뷰〉

　그러나 주의해야 할 점이 있습니다. 업체에서 제공하는 원고와 사진은 모두 동일하게 제공됩니다. 이는 네이버가 가장 싫어하는 유사 콘텐츠에 해당될 수 있습니다. 따라서 어느 정도 블로그에 대한 이해와 확신이 있을 때 신청하는 것이 좋습니다.

3. 배송/방문 체험단

체험단은 두 가지 방법이 있습니다. 제품을 배송 받아 무료로 체험한 후 리뷰를 쓰거나(배송형) 업체에 방문하여 무료로 체험 후 리뷰를 쓰는 방법(방문형)입니다. 두 가지 방법 모두 제품 및 서비스를 제공받아 체험하는 것일 뿐 실제 돈으로 받는 방법이 아니다 보니 '체험단은 부수입이 아니다 Vs. 부수입 맞다' 라는 의견들을 종종 봅니다. 물론 해석과 선택은 여러분의 몫입니다.

요즘은 체험단 활동을 통해 블로그의 성장도 꿈꾸고 가정 경제에도 보탬이 되겠다는 목표를 가진 분들이 많습니다. 체험단 수익 인증도 월 100만원에서 1000만원까지 다양하게 존재하죠.

〈출처 : 열정루비님 블로그〉

처음 체험단을 신청할 때 오해하는 것이 있습니다. 체험단에 당첨되려면 방문자도 많아야 할 것 같고, 사진도 잘 찍어야 할 것 같죠. 물론 어느 정도는 맞습니다. 체험단 업체에게 명분을 주는 것은 중요합니다. 내가 책을 신청하려고 하는데 내 블로그가 독서 블로그이고 방문자도 많이 받고 있다면 당첨될 확률이 높겠죠. 내가 선택되야 하는 명분을 제공하고 있으니까요. 그러나 모두가 그렇게 당첨되지는 않습니다. 내가 신청하려는 제품의 전문가가 아니어도 방문자 수가 많지 않아도 가능합니다. 내 블로그 명분을 쌓아가면서 하나씩 신청하면 의외로 쉽게 당첨되기도 합니다. 그렇게 하나씩 늘려 나가면 나중에는 내가 원하는 제품과 서비스만 골라서 신청할 수 있습니다.

4. CPA, CPS, CPM, CPC… 제휴마케팅

" 방구석에서 노트북만 있으면 가능한 부업! "

블로그를 통해 부수입을 버는 방법으로 제휴마케팅도 있습니다. 이 방법을 이용하려면 먼저 CPA, CPS, CPM, CPC 등 CP로 시작하는 용어에 대해 알아야 합니다. 오늘은 이 중에서 CPS(Click Per Sale)에 대한 이야기를 풀어볼까 합니다.

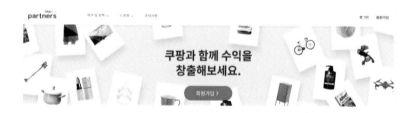

쿠팡 파트너스'라고 들어 보셨나요?

오늘의 **쿠팡 특가는?**

coup**ang**

바로가기>

partners

로그인 회원가입

어떻게 사용하나요?

1. 당신의 사이트에서 쿠팡 파트너스의 광고를 보여주세요

2. 방문자가 광고를 클릭하고 쿠팡에서 구매를 합니다

3. 방문자가 구매한 금액의 N%를 수익으로 지급합니다

쿠팡 가입자라면 누구나 이용할 수 있는 온라인 CPS 제휴마케팅입니다. 용어가 생소하죠. 아주 쉽게 말씀드리겠습니다. 내가 운영하고 있는 블로그에 쿠팡 배너를 걸어뒀는데 누군가 우연히 내 블로그 왔다가 쿠팡 배너를 클릭합니다. 때마침 구매할 물건이 있어서 로그인을 하고 물건을 구매합니다. 이런 경우 내 블로그를 통해 쿠팡에서 주문했기 때문에 구매 금액의 3%가 수수료로 제공됩니다.

지급 리포트 실제 지급일자와 내역을 확인합니다

정산 월	회원ID	공급가액	원천세 ?	지급예정금액	지급일자 ?	지급 상태
2022. 9.	AF1021626	₩20,401	₩0	₩20,401	2022.10.17	지급 완료
2022. 8.	AF1021626	₩43,432	₩1,430	₩42,002	2022-09-15	지급 완료
2022. 6.	AF1021626	₩16,273	₩0	₩16,273	2022-07-17	지급 완료
2022. 4.	AF1021626	₩17,963	₩0	₩17,963	2022-05-18	지급 완료

〈쿠팡 파트너스 지급내역〉

네이버나 유튜브에 쿠팡 파트너스를 검색해보면 사용방법부터 수익인증, 심지어 해당 강의까지 쏟아지는 정보를 찾을 수 있습니다. 그만큼 많은 사람들이 관심을 갖고 있는 부수입 수단 중 하나입니다. 저의 경우 아무것도 하지 않고 오로지 쿠팡 배너만 블로그에 걸어 두고 아는 지인들에게 쿠팡 이용 시 이 배너를 통해 구매하라고 했을 뿐인데 소소한 수입이 꾸준히 들어옵니다. 이렇게 CPS(Click Per Sale)는 링크를 통해 판매까지 이루어진 경우 수익이 발생되는 제휴마케팅 중 하나입니다. 이 방법은 내가 꼭 판매할 제품을 갖고 있지 않더라도 수익을 창출하는 방법입니다. 같은 방법으로 제휴마케팅 사이트에서는 컴퓨터 하나만으로도 방구석에서 부수입을 얻을 수 있는 방법들이 많이 있습니다.

대표적인 제휴마케팅 사이트

https://www.adlix.co.kr/index.asp   애드릭스
https://leaderscpa.com/leaderscpa   리더스CPA

5. 기타(네이버 공동구매, 스마트스토어 홍보, PDF 전자책 등)

이외에도 네이버 공동구매, 스마트스토어 홍보, PDF 전자책 출간 등 네이버를 통해 작은 부수입을 창출할 수 있습니다. 저 역시 강의하던 교안을 모아서 프리랜서/아웃소싱 플랫폼 크몽에 등록하였더니 꾸준하게 판매가 이어지고 있습니다. 크몽, 탈잉의 경우 심사기준도 까다롭지 않아서 초보자들도 쉽게 등록할 수 있다는 장점이 있습니다.

〈출처 : 애드릭스〉

〈출처 : 리더스 CPA〉

블로그는 레드오션 아닌가요?

지금은 유튜브를 해야 하지 않나요?

블로그 개설 수 2800만 개, 대한민국 인구 절반 블로그 운영 중

올해 블로그의 성장

신규 블로그 2백만, 제주도민의 3배

올해 압도적으로 늘어난 새 이웃 덕분에
드디어 블로그 3천만 시대를 열었습니다!

네이버에서 제공하는 블로그 리포트 발표에 따르면 2021년 기준, 대한민국 인구 절반에 해당하는 약 3000만 개의 블로그가 생성됐고, 총 24억 2000만 개의 글이 게시되었다고 합니다. 발행 대기 중

인 임시저장 글은 6000만 건으로 지금도 1초당 8개의 콘텐츠가 블로그를 통해 생성되고 있습니다. 말 그대로 네이버는 대한민국 대표 포털사이트입니다.

전체 블로그 수는

3천만 개

대한민국 인구의 절반이 블로그와 함께 하고 있어요.
1인 1블로그 하는 날을 기대해 봅니다.

지금까지 기록된 글 수는

24억 2천만 개

1초마다 8개의 글이 발행되고 있어요.
하루에 87만 개가 넘는 새 글이 블로그를 채워갑니다.

블로거들의 최애 인기 장소는

서울특별시 강남구

핫플레이스가 가득한 곳!
경기도 수원시와 고양시가 그 뒤를 이었어요.

가장 많은 글이 올라오는 요일은

월요일

한 주가 시작되는 월요일에
블로그도 가장 활발해요.

가장 많이 찾아 본 주제는

1위 **맛집** 2위 **일상** 3위 **경제**

다른 해보다 재테크, 투자에 대한
관심이 많이 늘어났어요.

가장 많이 언급된 스타는

1위 **BTS** 2위 **임영웅** 3위 **영탁**

역시 빌보드 1위에 빛나는 BTS!
거기에 버금가는 트로트 파워도 대단하네요.

올해 좋은 곳에 쓰인 콩 기부금액은

23억 원

어려운 이웃에게 나눔이 되는 여러분의 선한 영향력, 콩 기부로 보여주세요

콩 기부하기

올해 블로그에 새로 기록된 글

3억 개,
에베레스트산의 3.6배

올해 여러분이 기록한 글을 A4용지로 쌓으면 얼마나 될까요?
세계에서 가장 높은 산인 에베레스트산의 3.6배 높이가 됩니다.

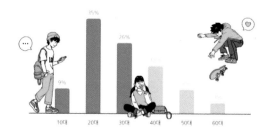

전체 블로거의 70%

특히 MZ 세대에게
대세로 떠오른 블로그

올해 나 자신을 표현하고자 하는 MZ 세대에게
제대로 주목받는 서비스가 되었습니다.

〈출처 : 2021 네이버 블로그 리포트〉

이렇다 보니 블로그 강의를 하면서 가장 많이 받는 질문이 **블로그를 계속 해도 되는건가요? 너무 레드오션 아닌가요?** 입니다. 지금은 유튜브 전성시대인데 유튜브를 먼저 해야 하는 건 아닌지 고민을 합니다. 그런데 재미있는 것은 그 질문을 하는 분들도 블로그를 배우러 온 분들이라는 거죠.

블로그는 레드오션이 맞습니다. 마케팅 플랫폼으로 진입장벽이 낮아 쉽게 시작하는 분들이 많습니다. 지금도 계속해서 블로그는 개설되고 있습니다. 그러나 다행인 것은 그만큼 활성화시키지 못하고 중간에 멈추거나 포기하는 것 또한 쉽죠. 즉, 누구나 시작할 수 있지만 아무나 성공시키지는 못하는 것이 블로그입니다. 성공시키는 과정이 어렵고 시간도 오래 걸리지만, 잘 만들어진 블로그는 굉장히 많은 장점을 가지고 있어 우리가 반드시 운영해야 하는 플랫폼입니다.

블로그 Vs. 유튜브

너무나 빠르게 변화하는 시대에 살고 있습니다. 과거에는 텍스트만으로도 가능했던 콘텐츠들이 점점 이미지 콘텐츠 시대로 바뀌고, 이제는 청각과 시각을 모두 만족시키는 동영상 콘텐츠가 대세입니다. 바로 유튜브 전성 시대이죠. 이렇다 보니 블로그를 먼저 해야 할지, 유튜브를 먼저 해야 할지 많은 분들이 고민을 합니다.

문서기반 블로그 Vs. 영상기반 유튜브

대세가 유튜브라고 하지만 유튜브는 유튜브만의 특징이 있고 블로그는 블로그만의 특징이 있습니다. 예를 들어 오늘 저녁 친구와 종로에서 만나기로 했습니다. 저녁 메뉴로 무엇을 먹을지 검색한다고 했을 때 여러분은 블로그를 검색할까요? 아니면 유튜브를 검색할까요? 아마 대부분은 블로그로 검색하여 식당 리뷰를 볼 것입니다. 식당의 위치, 분위기, 메뉴, 가격 등을 빠르게 훑고 '오늘은 여기 가자!'하고 선택하겠죠. 한가롭게 유튜브를 보면서 식당의 분위기를 영상으로 보고 있는 경우는 드물 겁니다.

이번에는 상황을 바꾸어 보겠습니다. 만약 이번에 이사를 하게 되어 TV를 구매한다고 해봅시다. 또는 같은 고관여 제품인 냉장고, 카메라를 구입해야 한다고 생각해보세요. 여러분이라면 블로그로 검색할까요? 아니면 유튜브로 검색할까요? 아마 둘 다 검색해 볼 겁니다. 블로그도 보겠지만 아마 유튜브를 통해 내가 구매할 가전제품을 영상으로 꼼꼼하게 살펴본 후 최종 구매할 가능성이 높습니다.

이처럼 블로그와 유튜브는 비교 대상이 되지 않습니다. 블로그는 텍스트, 이미지로 보여지는 문서기반 시스템이고, 유튜브는 동영상으로 보여지는 영상 기반 시스템입니다. 우리의 잠재 고객은 어디서 나를 보고 찾아 올지 모르기 때문에 블로그든, 유튜브든 채널은 많을수록 좋습니다. 그러니 각각의 특징을 이해하고 사용에 맞게 적용해야 합니다.

블로그의 장단점, 확실하게 알고 시작하기

블로그는 누구나 꿈꾸는 '디지털 노마드'의 삶이 가능합니다. 언제 어디서나 전자기기만 있다면 내가 원할 때 사용하며 돈을 벌 수 있습니다. 대한민국 대표 포털사이트 네이버에서 무료로 내 사업, 내 커리어를 홍보할 수 있다는 가장 큰 장점도 있습니다. 초등학생부터 70대 어르신까지 누구나 블로그를 쉽게 이용합니다. 특별한 지식이나 경험이 없어도 제공하는 기능들이 단순해서 바로 시작할 수 있기 때문입니다. 또한 블로그는 콘텐츠 확산을 쉽게 할 수 있습니다. 클릭 한 번 만으로 네이버 카페, 네이버 밴드, 네이버 메모 등 같은 네이버 플랫폼뿐만 아니라 카카오톡, 페이스북, 트위터 등 다른 SNS 소셜 플랫폼으로도 쉽게 공유할 수 있습니다. 소비자 한 명이 사용하는 SNS 채널은 1가지 이상입니다. 그들은 다양한 미디어 채널을 넘나 들며 원하는 정보를 찾아 다닙니다. 그 채널은 블로그가 될 수도 있고 인스타그램이 될 수도 있습니다. 그들이 어디서 나를 찾아올지 모르기 때문에 블로그에만 내 콘텐츠를 노출시키는 것이 아닌 여러 SNS 채널에 노출시켜야 합니다

반면에 블로그 단점도 알고 있어야 합니다. 우리나라는 '맛집'이 아닌 곳이 없을 정도로 거의 모든 음식점을 '맛집'이라고 표현합니다. 그 이유는 네이버가 원하는 양질의 포스팅이 아닌 방문자 유입만을 목적으로 작성하기 때문입니다. 그러다 보니 소비자들은 무분별한 허위 리뷰와 허위 광고로 블로그에 대한 거부감을 느낍니다. 이로 인해 네이버는 C-Rank 로직과 D.I.A 로직을 적용하여 양질의 포스팅, 즉 나만의 경험과 노하우를 바탕으로 작성한 블로거에게 더 높은 지수를 주고 있습니다. 결국 포스팅을 작성할 때 이전보다 신경 쓸 것이 많아졌고 더 어려워졌다는 이야기입니다.

또한 오랫동안 꾸준히 운영해 오던 내 블로그가 어느 날 갑자기 저품질 블로그가 될 수 있습니다. 저품질 블로그란 상위노출이 잘되던 블로그가 어느 날 네이버의 경고를 받은 것처럼 노출이 되지 않는 것을 말합니다. 이를 판단하는 기준은 여러 가지가 있지만 중요한 것은 네이버가 '너 이제 곧 저품질 블로그 될 꺼야!' 라는 경고 메시지도 없고 '너 지금 저품질 블로그야!' 라고 알려주지도 않는다는 것입니다. 말 그대로 어느 날 갑자기 날벼락처럼 그런 일을 당할 수밖에 없다는 것이죠. 내가 공들여 열심히 운영한 블로그가 더 이상 노출되지 않는다면 굉장히 속상한 일입니다. 시간을 두고 이를 해결하기도 하지만 다시 되돌리는 일이 쉽지 않습니다. 따라서 이런 일이 일어나지 않도록 처음부터 제대로 공부하고 시작해야 합니다.

　앞서 블로그는 돈이 들지 않는 가성비 좋은 마케팅 플랫폼이라고 말씀 드렸습니다. 여러분도 블로그를 배우려고 이 책을 보고 있듯이 여전히 인기가 높고 경쟁이 치열한 마케팅 플랫폼입니다. 누구나 시작할 수 있지만 꾸준하게 지속하지 못한다면 아무나 성공할 수 없습니다.

　블로그의 이해를 높이기 위해 장, 단점을 알아보았습니다. 결국 그 무엇도 꾸준함을 이기는 무기는 없습니다. 블로그를 통해 원하는 목표를 이루고 싶다면 포기하지 말고 끝까지 도전해야 합니다.

디지털 노마드로 살 것인가?
디지털 노가다가 될 것인가?

뾰족하게 나를 드러내는
브랜딩 블로그 실전 세팅법

아직도 블로그를 일기장으로 쓰는 당신에게

저 역시 처음 시작은 일상을 기록하는 일기장, 독서노트에 불과했습니다. 그러나 시간이 지날수록 그냥 일기장일 뿐, 내가 아닌 그 누구도 나의 블로그에 관심이 없었습니다. 더 이상 블로그를 일기장으로 쓰지 않기 위해 바꾼 것은 단 하나였습니다.

바로 꿈을 꾸고 그것을 블로그에 기록하는 것이었습니다. 신기하게도 쓰는 족족 그 꿈은 이루어졌습니다. 여러분이 원하는 것이 있다면 블로그에 명확하게 표현하세요. 그리고 그것을 이루는 과정을 기록하며 나에게 자격이 있다는 것을 증명하세요. 블로그는 일기장이 아닙니다. 일기 쓰듯 써버리면 결국 나만 보는 글이 됩니다. 나를 브랜딩하고, 내 사업을 홍보하여 사람들을 모으는 수단으로 사용해보세요.

블로그 명, 블로그 별명(닉네임) 아직도 대충 만드시나요?

 블로그 명은 포스팅 노출 시 나타나는 블로그 이름을 말하고, 블로그 별명은 댓글을 달면 보이는 닉네임을 말합니다. 이 두 가지는 내 블로그를 대표하는 '온라인 간판'입니다. 그럼 간판은 어떤 역할을 하나요?

<출처 : 네이버 이미지>

 거리에는 수 없이 많은 간판들이 있습니다. 우리는 이러한 간판을 보고 예쁘거나, 감성적이거나, 독특한 어떤 분위기를 보고 들어갑니다. 오프라인 매장에서 간판은 엄청나게 중요합니다. 외부에서 내 매장을 들어올 때 가장 먼저 눈에 띄는 곳이기 때문이죠. 온라인 매장인 블로그 역시 간판이 매우 중요합니다. 블로그 명과 별명(닉네임)에 따라 내 블로그를 눈에 띄게 나타내고, 남들보다 빠르게 브랜딩 할 수 있기 때문입니다.

그러나 정작 우리는 이 두 가지가 별것 아니라고 생각하고 대충 만듭니다. 심지어 오래전에 불렸던 아무 의미 없는 별명들을 그대로 가져와 사용합니다. 그것이 잘못된 것은 아닙니다. 닉네임에 정답은 없습니다. 그러나 블로그를 통해 내 사업, 내 꿈을 이루기로 결정했다면 닉네임도 브랜딩과 연결되어 고민해야 합니다.

먼저 블로그 별명(닉네임)을 만듭니다. 닉네임은 다음의 5가지 가이드라인에 맞춰서 고민해 보시길 바랍니다.

블로그 별명(닉네임) 가이드라인 5가지

유일성	네이버, 다음, 구글 등 포털사이트 검색 시 유일하게 존재하는 별명(닉네임) 인가?
일관성	블로그, 인스타그램, 페이스북, 유튜브 등 모든 SNS 채널에 사용할 수 별명(닉네임) 인가?
독창성	아예 독특하거나 특이해서 한 번 들으면 오랫동안 기억할 만한 별명(닉네임) 인가?
문화성	영어가 아닌 한글로 된 별명(닉네임)인가?
단순성	너무 길지 않은 별명(닉네임)인가?

위의 5가지를 고려해서 별명을 만든다면 남들보다 더 빠르게 블로그를 성장시킬 수 있습니다. 그럼 더욱 자세히 알아보도록 하겠습니다.

유일성

　내가 하려는 별명을 네이버에 검색해보세요. 혹시 많은 사람들이 사용하고 있나요? 너무 흔해서 이미 많은 사람들이 사용하고 있다면 이제 막 시작하려는 나는 그 사람들보다 뒤쳐질 수 밖에 없습니다. 이는 시작도 하기 전부터 지고 들어가는 겁니다. 아무도 없는 상태에서 1위로 시작하는 것과 내 앞에 이미 많은 사람들이 있어서 그들을 제치며 1위로 올라가는 것은 다릅니다. 네이버, 다음, 구글 등 많이 사용하는 포털사이트에 검색해보고 유일하게 존재하는 별명으로 선택하세요.

일관성

　내 브랜드의 존재를 알리기 위해 기업들은 수백만, 수천만 원의 해당하는 광고비를 사용합니다. 그러나 우리는 그런 광고비를 쓸 여유가 없습니다. 그렇기 때문에 알릴 수 있는 모든 채널에 우리의 브랜드를 나타내고 일관성 있게 유지해야 합니다. 별명을 지을 때는 블로그뿐만 아니라 인스타그램, 페이스북, 유튜브 등 모든 SNS 채널에 사용한다 생각하고 내 주제와 연관성 있게 고민해 보시길 바랍니다.

독창성

 사실 별명을 짓는 것에 정답은 없습니다. 그러니 아예 독특하거나 특이한 별명으로 선택하여 한 번 들으면 잊혀지지 않고 오랫동안 기억에 남는 것도 방법입니다. 중요한 것은 예쁘게 짓는 것이 아니라 소비자에게 기억하게 하는 것이니까요.

문화성

 간혹 별명을 영어로 사용하는 분들이 있습니다. 영어로 사용해도 충분히 이해되고 많은 사람들이 잘 따라 부를 수 있다면 괜찮습니다. 그러나 그렇게 만들 자신이 없다면(입에 착 붙게 만들 자신이 없다면) 굳이 영문으로 별명을 선택하지 마세요. 여러분도 네이버에 검색할 때 영어로 검색하지 않습니다. 오히려 영문도 한글로 검색하는 경우가 많으니까요. 누구나 알 수 있도록 한글로 선택하세요.

단순성

 별명을 만들 때 가장 중요한 것은 나를 오랫동안 기억하는 것입니다. 그런데 별명이 길어지면 설명하기도 어렵고 설명해 줘도 기억하기 어렵습니다. 그러니 너무 길지 않은 별명으로 선택하세요. 최대 5자 이하로 된 별명을 추천드립니다. 별명을 정한 뒤 그에 맞는 블로그 이름을 정해주면 됩니다.

전문가 포지셔닝

어느 한 분야에 전문가로 포지셔닝을 할 때는 아래의 단어와 별명을 조합해서 사용하면 좋습니다. OO에 해당되는 단어는 자신의 주력 분야입니다.

OO마스터 / OO가이드 / OO멘토 / OO동행자
OO디렉터 / OO전문가 / OO기업가 / OO창업가
블로그마스터OO / 영어가이드OO / 행복한동행자OO / 창업멘토OO / 아트디렉터OO / 꿈꾸는기업가OO / 프로N잡러OO

노트를 펴고 원하는 별명을 정해보세요.
지금 고민하지 않으면 언젠가 다시 이 고민을 하고 있을 겁니다.

임팩트 있는 블로그 소개글 작성하기

　내가 사용할 별명과 그에 맞는 이름을 정했다면 이제 임팩트 있는 소개글을 작성해야 합니다. 소개글은 블로그 주인이 어떤 사람인지 확인하는 곳이기 때문에 굉장히 중요합니다. 다음의 3가지를 고려하며 작성해보세요.

이 블로그는 어떤 주제로 운영되고 있나요?
당신은 누구인가요? 이 블로그를 운영할 자격이 있나요?
당신이 궁금할 때는 어디로 연락하면 되나요?

마운트피아

•직접 제조하는 티비거치대 전문업체

-주문제작 가능!
-대량주문시 할인가능!
-4시 결제건까지 당일출고!
-1년동안 무상 A/S!

문의 : mountpia@naver.com

🖊 오스카 로뎅공방

진심의 가치를 담는 31년 전통 프리미엄 주얼리 오스카 로뎅공방

숙련된 세공장인의 기술로 당신의 삶의 품격을 높여드릴 것을 약속합니다.

예약문의 및 1:1 맞춤상담 02-762-1389 / 010-7259-1389

펑키용뚜

■ PD에서 홍보마케터로 경력확장을 꿈꾸는 40대 싱글(레)이(디)
■ 30-40-50싱글이의 라이프스타일, 여행, 맛집, 트렌드 등 관심사를 공유하는 블로그
✉ funkydg@naver.com
프로필 ▸

〈소개글 예시〉

　오프라인 매장을 운영하거나 나의 제품, 서비스를 홍보하는 사업 블로그라면 어떤 사업을 운영하고 있는지(사업 분야)와 이 사업을 운영한지 얼마나 되었는지(운영 기간), 그래서 내가 줄 수 있는 혜

택이 무엇인지(제공 내역) 등 나를 선택해야 하는 명분을 제시해 주세요. 나 말고도 나와 같은 제품이나 서비스를 홍보하고 있는 블로그는 아주 많습니다. 그 중에서도 나여야만 하는 이유가 소개글에 있어야 합니다.

일상블로그로 운영한다면 이 블로그가 독서 블로그인지, 영화 블로그인지, 맛집 블로그인지 내 주제를 알 수 있도록 나타내 주세요. 또한 사업블로그와 마찬가지로 이 블로그에서는 어떤 정보를 얻을 수 있는지 알려주세요. 연락 가능한 이메일 주소, 카카오톡 아이디를 남겨 궁금한 것이 있을 때는 바로 연락할 수 있도록 합니다.

블로그 주제 설정을 위한 가이드라인 4가지

보통 블로그를 시작하는 분들은 다음의 4가지 중에서 하나를 선택하게 됩니다. 바로 사업블로그, 커리어블로그, 개인블로그, 체험단 블로그입니다.

사업블로그	오프라인 매장, 상품 및 서비스 홍보 목적
	구매대행, 온라인 상품 홍보 목적
커리어블로그	작가, 디자이너, 강사 등 퍼스널 브랜딩 목적
개인블로그	육아, 일상, 북리뷰, 필사 등 원하는 주제 목적
체험단블로그	협찬, 체험 리뷰 등을 통한 부수입 목적

개인사업을 운영하는 초보 사장님, 아직 사업을 운영하고 있지는 않지만 향후 사업을 운영할 예비 사장님들은 내가 판매할 제품과 서비스가 뚜렷이 있기 때문에 사업블로그로 바로 시작하면 됩니다. 그러나 아직 뚜렷한 목적이 없는 분들은 일상블로그 또는 개인블로그로 먼저 시작할 수 있습니다. 많은 분들이 사업블로그가 아닌 일상블로그로 운영해도 괜찮은지 물어봅니다. 물론입니다. 꼭 전문성을 가진 사업블로그가 아니더라도 일상이나 육아만으로도 충분히 그 가치를 블로그에 옮길 수 있습니다. 주제는 중간에 변경될 수도 있습니다. 그러니 주제를 정할 때는 한계를 두지 말고 정하세요.

다만 주제를 정할 때는 반드시 목적이 있어야 합니다. 일상을 기록하는 블로그라 하더라도 그 일상의 기록에서 블로그를 통해 무엇을 얻고 싶은지 내 꿈을 명확하고 뚜렷하게 표현해야 합니다. 목표가 뚜렷한 것이 결국 성과를 낼 수밖에 없습니다. 일상적인 주제로 북 리뷰를 쓰면서도 향후 '독서모임을 운영해보겠다', '서평을 신청하여 써보겠다' 등의 목적을 갖고 블로그를 운영해야 성과가 나올 수 있습니다.

일상의 주제로 시작하는 분들을 위한 질문

나는 요즘 무엇에 돈을 가장 많이 쓰는가?
나는 요즘 무엇에 시간과 에너지를 가장 많이 쓰는가?
나는 요즘 무슨 책을 읽는가?
나는 요즘 무슨 글을 쓰는가?
누가 시키지 않아도 자꾸 하게 되는 것은 무엇인가?
주변에서 나에게 가장 많이 하는 질문은 무엇인가?
나에게 돈과 시간이 주어진다면, 제일 먼저 배우고 싶은 것은 무엇인가?

주제에 맞는 메인 카테고리 3가지 구성 방법

주제가 정해졌으면 그에 맞는 카테고리를 설정해야 합니다. 블로그를 더 이상 일기장이 아닌 내 사업 홍보 또는 내 꿈을 위해 브랜딩이 필요하면 다음의 3가지 방법을 통해 메인 카테고리를 구성해야 합니다.

광고글 카테고리	수익창출 목적	궁극적으로 홍보하고 싶은 나의 사업 또는 나의 꿈을 홍보
정보글 카테고리	상위노출 목적	방문자 유입을 위하여 사람들에게 필요한 정보를 전달
일상글 카테고리	이웃소통 목적	내 이웃들과 공감, 소통을 위해 나의 취미나 일상을 공유

광고글 카테고리

광고글은 내가 블로그를 운영하는 궁극적인 이유가 됩니다. 내가 사업블로그라면 이 블로그를 통해 오프라인 매장을 홍보하거나, 나의 제품 및 서비스를 판매하려는 목적이 뚜렷합니다. 그래서 내 사업과 관련된 포스팅을 수시로 올리죠. 광고글에 해당하는 글은 내 매장에 대한 소개, 철학, 위치, 제품, 후기 등 궁극적으로 홍보하고 싶은 나의 사업과 관련된 글이 됩니다.

그러나 블로그에 내 사업과 관련된 광고글만 적는다면 아무도 머물고 싶어하지 않습니다. 그래서 정보글이 함께 필요합니다.

정보글 카테고리

정보글은 내 블로그로 사람들을 유입시켜 광고글을 보여주기 위한 글입니다. 광고글만 올리면 아무도 내 글에 관심이 없기 때문에 유용한 정보글을 나눠주고 유입을 늘리려는 목적입니다. 그럼 어떤 글을 써야 사람들이 좋아할까요? 그건 바로 내 사업과 관련하여 사람들이 평소에도 궁금해하고 실제 도움이 될 만한 정보를 주는 것입니다.

예를 들어 내가 헤어숍을 운영한다고 했을 때 매일 고객에게 제공한 헤어 사진만 올리는 것이 아니라 긴 머리 묶는 법, 앞머리 자르는 법, 짧은 머리 고데기하는 법 등 헤어와 관련해서 사람들이 평소에도 궁금해 하는 이야기들을 나눠줍니다. 그리고 정보글을 보러 왔더니 '어? 이 블로그는 헤어숍 매장을 운영하고 있네?'를 궁극적으로 알리려는 목적이죠. 블로그의 빠른 성장은 내 사업과 관련하여 사람들에게 도움이 되는 정보를 얼마나 많이 찾고, 얼마나 잘 노출시키냐에 달려 있습니다.

일상글 카테고리

광고글은 내 사업을 홍보하기 위한 글이며, 정보글은 광고글을 알리기 위해 유용한 정보를 주어 방문자를 유입시키는 글입니다. 마지막 일상글은 내 블로그를 찾는 사람들과 소통하기 위해 작성하는 글입니다. 나의 취미나 일상을 공유하여 활발한 소통이 이루어질 수 있습니다. 또한 내 블로그를 찾는 사람들을 파악하여 그들이 좋아하는 주제를 가지고 일상글로 소통할 수 있습니다.

구분	메인 카테고리	하위 카테고리
광고글 카테고리	OOO 헤어숍	OOO 헤어숍 소개 OOO 헤어숍 약도 OOO 헤어숍 상품 OOO 헤어숍 후기 OOO 헤어숍 공지
정보글 카테고리	여자헤어 Vs. 남자헤어 긴 머리 Vs. 단발머리 데일리 Vs. 이벤트 키즈 헤어스타일링 사모님 헤어스타일링	긴 머리 예쁘게 묶는 법 단발머리 고대기 하는 법 남자 옆머리 누르는 법 앞머리 자르는 법
일상글 카테고리	데일리 패션 데일리 뷰티 미라클모닝	머리띠 헤어 패션 데일리 꾸안꾸 화장 하는 법 나의 미라클모닝 루틴

〈헤어숍을 운영하는 사업블로그 카테고리 예시〉

헤어숍을 운영하는 사업블로그의 경우 메인 카테고리 설정을 어떻게 하면 좋은지 조금 더 자세히 알아보도록 하겠습니다.

헤어숍 광고글 카테고리, 카테고리는 메인 카테고리와 하위 카테고리로 구분해 주어야 메인 카테고리가 힘을 받을 수 있습니다. 메인 카테고리에는 헤어숍 브랜드명을 넣었다면 하위 카테고리에는 브랜드와 관련하여 소개해야 하는 것들을 넣어주세요. 브랜드의 철학과 약속이 담긴 소개, 어디에 위치해 있는지, 이달의 이벤트, 할인 상품 안내, 고객의 생생 후기 등 헤어숍과 관련하여 홍보하고 싶은 글들의 카테고리를 나누어 봅니다. 그리고 말씀드렸듯이 이렇게 사업을 소개하는 광고글만 올리면 아무도 좋아하지 않습니다. 우연히 왔다 가도 바로 나가게 됩니다. 그래서 정보글이 필요합니다.

헤어숍 정보글 카테고리, 정보글은 우리 고객들의 문제를 해결해 줄 수 있는 유용한 콘텐츠입니다. 헤어숍과 관련하여 줄 수 있는 정보를 그룹으로 묶어보세요. 그것은 여자, 남자 성별로 나눠서 정보를 줄 수도 있고, 긴 머리, 단발머리 길이에 따라 정보를 나눠 줄 수도 있습니다. 성인, 키즈로 나눌 수도 있고 데일리 헤어, 이벤트 헤어로 나눌 수도 있습니다.

내가 헤어숍 원장이라면 여자 헤어와 관련하여 줄 수 있는 유용한 정보는 무엇이 있을까요? 수강생들에게 이렇게 질문하면 열이면 열, 모두 전문적인 정보를 전달해야 한다고 생각하여 어려워합니다.

그러나 우리의 고객들은 생각보다 단순한 것들의 정보를 궁금해합니다.

앞머리 자르는 법, 앞머리 고대기 하는 법, 반 머리 묶는 법, 긴 머리 묶는 법, 여름철/겨울철 헤어 관리법, 미용실에서 받은 것 같은 드라이 손질 법, 집에서 하는 두피마사지, 왁스로 머리 손질하는 방법 등은 어떤가요? 내가 헤어숍을 운영하고 있다면 이것과 관련해서 나만의 노하우가 많이 있을 겁니다. 그것들을 정보글로 풀어내서 작성하면 이 모든 것들이 콘텐츠가 됩니다.

남자 헤어는 어떨까요? 이것 또한 전문적인 지식이 필요할까요? 남성분들은 헤어와 관련하여 어떤 것들을 궁금해하고 고민할까요? 탈모 샴푸 추천, 왁스 바르는 법, 앞머리 관리하는 법, 구레나룻 누르는 법, 남자 헤어 에센스 추천 등 남자 헤어와 관련된 정보글도 무궁무진하게 찾을 수 있습니다.

이런 정보글을 보고 들어왔더니 헤어와 관련하여 좋은 정보들이 많이 있고, 둘러보다 보니 결국 광고글을 보게 하는 것, 이것이 정보글의 역할입니다. 헤어 정보를 검색해서 들어왔더니 여기 헤어 전문이네? 이런 느낌인 거죠.

헤어숍 일상글 카테고리, 사실 내 사업만 홍보하고 싶은데 그러기에는 소통이 안되니 정보글과 일상글을 함께 사용합니다. 일상글은 광고나 정보 이외에 내가 쓰고 싶은 글, 소통하고 싶은 글 위주로 쓰면 됩니다. 그러나 내 고객이 관심 가질만한 이야기를 하면 더욱 소통이 잘 됩니다. 헤어에 관심이 있는 고객은 패션이나 뷰티에도 관심이 있으므로 관련된 글을 함께 쓰는 것도 하나의 소통 방법입니다.

그럼 커리어블로그, 개인블로그는 카테고리를 어떻게 나누면 좋을까요? 사업블로그와 마찬가지로 메인 카테고리를 3가지로 가져갑니다.

구분	메인 카테고리	하위 카테고리
광고글 카테고리	온라인마케팅 강사, 임수정	임수정 프로필 임수정 성장스토리 주력분야 강의안내 수강생 생생 후기
정보글 카테고리	블로그 꿀팁 인스타 꿀팁 유튜브 꿀팁	셀프 저품질 진단 및 탈출 블로그 수정에 관한 진실 포스팅 빠르게 하는 방법 인스타그램 프로필 꾸미기 유튜브 채널아트 만들기
일상글 카테고리	1일 1독서 월간피드백 미라클모닝	매일 독서하며 느낀 점 하루를 2배로 사는 방법 일하면서 돈 버는 가장 쉬운 방법

〈직장인, 강사의 커리어블로그 카테고리 예시〉

커리어블로그 광고글 카테고리, 광고글은 내가 블로그를 운영하는 궁극적인 이유라고 했습니다. 커리어블로그, 개인블로그를 운영하는 궁극적인 이유는 '나'라는 사람의 브랜딩을 하기 위해서입니다. 그러므로 나를 팔아야 합니다. 커리어블로그, 개인블로그의 광고글은 '나'입니다. 그래서 하위 카테고리에도 '나'라는 사람의 소개가 들어가야 합니다. 그러나 아직 나에 대한 이야기가 부끄러운 분들은 광고글 없이 정보글 카테고리를 먼저 시작해도 됩니다. 다만, 정보글로 먼저 시작하되 내가 이 블로그를 운영하는 목적을 잊지 말고 어떤 내용을 광고글에 표현할지 꼭 고민하는 시간이 있어야 합니다.

커리어블로그 정보글 카테고리, SNS 강사인 경우 블로그, 인스타그램, 유튜브 등 SNS와 관련하여 사람들에게 필요한 정보글을 나눠 줍니다. 일상블로그의 경우 자유롭게 정한 주제에서 사람들에게 줄 수 있는 유용한 정보를 고민해야 합니다.

예를 들어 여행과 관련된 주제는 어떤 정보를 전달할 수 있을까요? 여행과 관련하여 전문가 수준의 지식이 필요할까요? 국내/해외 여행지 중 가장 가성비 좋았던 곳, 해외여행 시 반드시 필요한 필수품, 죽기 전에 꼭 한번 가봐야 할 국내/해외 여행지, 혼자 여행과 함께 여행의 장단점, 서울 근교에 당일치기로 여행할 수 있는 곳 등 나의 경험이 누군가에겐 꼭 필요한 정보가 될 수 있습니다.

운동과 관련된 주제는 어떤 정보를 전달할 수 있을까요? 초보자도 쉽게 할 수 있는 운동 추천, 집에서 가볍게 할 수 있는 운동, 1분/5분/10분/30분 운동 추천, 부위별 효과 좋았던 운동 추천, 허

리통증에 좋은 운동, 운동할 때 함께 먹으면 좋은 영양제, 유산소 운동과 근력 운동의 종류, 차이점, 운동 루틴 짜는 법 등 나만의 노하루를 전달할 수 있습니다.

　커리어블로그 일상글 카테고리, 일상글 카테고리는 동일합니다. 나의 취미나 일상을 공유하면서 공감과 소통의 창구로 이용합니다. 다음은 사업블로그, 커리어블로그, 개인(일상)블로그의 카테고리 예시입니다. 메인 카테고리는 광고글, 정보글, 일상글 3단으로 구성되어 있고 각 메인 카테고리가 힘을 받을 수 있도록 하위 카테고리가 나뉘어져 있습니다. 예시를 참고하여 내 주제에 맞는 카테고리를 구성해보세요.

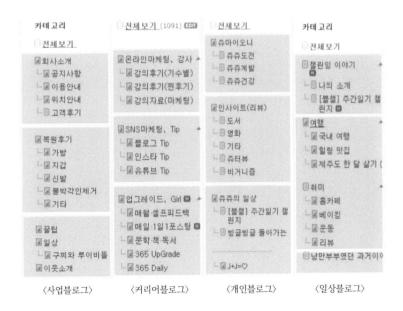

〈사업블로그〉　　〈커리어블로그〉　　〈개인블로그〉　　〈일상블로그〉

사업 성공의 지름길, 벤치마킹

  예시를 보여주며 알려드리고 있지만 아직 부족할 수 있습니다. 이럴 때는 현재 나와 비슷한 주제로 운영되고 있는 모델링 블로그 (닮고 싶은 블로그)를 찾아 비교해 보면 도움이 됩니다. 책을 한 권 집필할 때도 독자들의 니즈를 파악하고 시장 조사를 철저히 하듯이 블로그를 운영할 때도 나와 컨셉이 비슷한 블로그를 찾아 장점은 흡수하고 단점은 보완합니다. 모델링 블로그를 찾는 방법은 여러 가지가 있지만 다음의 3가지를 추천드립니다.

블로그 차트 https://www.blogchart.co.kr/

블로그 관심주제 https://in.naver.com/

〈블로그▶ 주제별보기▶ 관심주제 설정〉

네이버 인플루언서 https://section.blog.naver.com/

블로그 차트는 현재 네이버에서 운영되고 있는 블로그들의 주간 순위를 알 수 있습니다. 여기서 나와 비슷한 주제로 운영하고 있는 블로그를 보고 벤치마킹 할 수 있습니다. 또한 비슷한 주제가 아니더라도 순위에 오른 블로그를 보고 어떻게 오를 수 있었는지 분석해 볼 필요가 있습니다.

네이버 관심 주제를 설정하여 나와 비슷하게 운영하고 있는 블로그를 보거나 인플루언서를 통해 전문적인 주제로 앞서가고 있는 블로그를 벤치마킹할 수 있습니다. 블로그 주제, 주제에 맞는 스킨, 브랜딩을 위한 카테고리, 소개글 내용, 포스팅 내용 등을 꼼꼼하게 살펴보며 주로 어떤 글을 쓰는지, 내가 배울 점이나 따라 해 보고 싶은 것들이 있는지 확인해 봅니다. 무언가를 새로 시작할 때 벤치마킹은 최고의 전략이 될 수 있습니다.

하나를 베끼면 짝퉁이고,
두개를 베끼면 적용이다.
세개를 베끼면 응용에 가깝고,
네개를 베끼면 거의 창조에 가깝다.
1인기업 김형환교수님

블로그 벤치마킹 가이드라인

블로그 닉네임	
블로그 이름	
블로그 주제	
블로그 소개글	
메인 카테고리	
하위 카테고리	
포스팅 내용	
블로그 장점	
블로그 단점	
비고	

　여기까지 정리가 된 분들은 앞에서 작성했던 '블로그 운영 계획표'를 꺼내 '벤치마킹 블로그'를 참고하여 다시 한번 수정해 보세요. 내 블로그를 어떻게 운영할지는 앞으로도 여러 번 수정해가며 완성해야 합니다. 블로그를 무작정 시작하는 것보다 이런 고민이 선행된 후 시작한다면 더욱 빠르게 성장시킬 수 있습니다.

지금은 모바일 전성시대
모르면 손해 보는 모바일 세팅법

모바일 메인을 담당하는 홈 편집 메뉴

모바일 전성시대입니다. 블로그 방문자 통계를 확인하면 PC 검색보다 모바일 검색이 많다는 것을 확인할 수 있습니다. 우리는 주로 PC로 글을 쓰지만 우리 글을 읽는 대부분의 독자들은 모바일로 확인하기 때문입니다. 그러면 우리도 모바일 환경에 대해 알고 있어야 합니다. 블로그 별명, 이름, 소개글을 변경하고 대표글 및 인기글을 설정하는 방법, 인스타그램, 유튜브 등 외부채널로 연결하는 방법 등 모바일 블로그 메뉴를 꼼꼼히 살펴보고 내 주제에 맞게 설정하도록 하겠습니다. 구글플레이 스토어 또는 앱 스토어 통해 블로그 앱을 다운로드해 주세요.

모바일 스킨, 커버 스타일, 블로그 별명, 소개글 변경하기

　블로그 앱 오른쪽 하단에 〈내 프로필 탭〉을 누르면 중간 부분에 있는 〈홈 편집〉을 선택합니다. 스킨, 커버 스타일, 이름, 별명, 소개글 등 PC뿐만 아니라 모바일 홈 편집 메뉴에서도 블로그 메인 화면을 꾸밀 수 있습니다. 요즘은 시원시원한 홈페이지형 스킨을 많이 적용합니다. 그러나 홈페이지형 스킨은 PC 화면에 적합할 뿐 모바일 화면에는 나타나지 않습니다. 모바일 화면에서도 잘리지 않고 내가 나타내려는 주제가 명확히 보일 수 있도록 변경해 주세요.

　모바일 스킨은 기본 1:1 사이즈로 되어있으나 메시지 길이, 아이콘 크기에 따라 잘릴 수 있으니 여러 번 올리며 확인해 주세요. 변경 후에는 오른쪽 상단의 적용을 눌러주어야 반영이 됩니다.

인스타그램, 유튜브, 카카오톡 채널 등 외부채널 연결하기

또한 내 블로그 첫 화면에 SNS 외부채널도 보이게 추가할 수 있습니다. 오른쪽 하단의 〈내 프로필 탭〉에서 〈홈 편집〉메뉴를 선택해 주세요. 〈+〉모양을 선택하면 〈외부채널〉이 보입니다. 포스트, 인스타그램, 페이스북, 트위터, 유튜브, 카카오 플러스 친구, 스토어팜뿐만 아니라 자사 홈페이지, 크몽, 탈잉 등 다양한 외부채널로 연결이 가능합니다. 나의 잠재고객은 어디서 나를 찾아올지 모릅니다. 우연히 블로그를 보러 왔다가 인스타그램으로 넘어갈 수도 있고, 유튜브로 넘어갈 수도 있습니다. 외부 채널은 어느 플랫폼을 운영하든 모두 열려 있어야 합니다

내 주제에 맞는 인기글, 대표글 설정하기

　모바일 화면에서만 볼 수 있는 인기글과 대표글이 있습니다. 인기글은 말 그대로 내 블로그에서 가장 인기 있는 글이고, 대표글은 내 블로그를 대표하는 글입니다. 이 두 가지는 모바일 화면에서만 보이며 〈숨기기〉기능을 통해 선택적으로 둘 다 사용하거나, 둘 다 숨기거나, 둘 중에 하나만 선택할 수 있습니다.

　네이버는 조회수가 높은 글을 자동으로 노출시켜 주기 때문에 따로 설정하지 않으면 인기글이 기본으로 보입니다. 그러나 인기글은 말 그대로 조회수가 높은 글이지, 나를 대표하는 글은 아닙니다. 예를 들어 저는 온라인 마케팅을 강의하는 강사입니다. 제 블로그에는 저를 홍보하는 홍보글도 있고, SNS 꿀팁을 전달하는 정보글도 있고, 맛집이나 여행 등 일상글도 있습니다. 만약 제가 쓰는 글 중에서 맛집에 해당하는 글만 노출된다면 인기글에는 맛집과 관련된 글만 보입니다. 그러면 제가 교육 블로그라는걸 한 눈에 알수가 없습니다. 이럴 때는 〈대표글 관리〉를 통해 나를 대표하는 글을 따로 설정해 주세요. 인기글과 대표글은 최대 10개까지 가능합니다.

숏폼이 대세, 네이버도 숏폼이 있다! 모먼트 활용하기

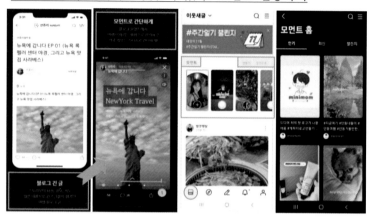

앞서 인기글, 대표글처럼 모바일에서만 지원하고 있는 모먼트 기능이 있습니다. 인스타그램의 스토리&릴스, 유튜브의 쇼츠처럼 사진 1장, 영상 1개만으로 간단한 콘텐츠를 만들 수 있습니다.

모바일 앱 하단의 5가지 기능 중 첫 번째는 이웃새글입니다. 나의 이웃들이 올리는 콘텐츠를 확인할 수 있는 곳이죠. 이 첫 번째 화면의 가장 상단에 보여줄 정도로 네이버가 밀고 있는 기능입니다. 모든 채널은 지금 밀고 있는 기능을 가장 잘 보이는 곳에 위치해 둡니다. 인스타그램의 릴스도 처음엔 보이지도 않다가 이제는 가장 잘 보이는 곳에 위치해 있는 것도 같은 맥락입니다.

모먼트를 활용하여 사업블로그는 마케팅 채널로 내 브랜드를 홍보할 수 있고, 개인블로그는 일상을 공유하고 소통하는 용도로 사용할 수 있습니다. 이제는 네이버 모먼트, 인스타그램 릴스, 유튜브 쇼츠처럼 짧고 굵은 숏폼 콘텐츠 시대인 만큼 모먼트도 많이 활용해 보시기 바랍니다.

모바일 앱 '홈 편집' 기능 안내

외부채널 추가

스킨 이미지 변경

커버 스타일 변경

블로그 이름 변경

블로그 닉네임 변경

블로그 프로필 사진 변경

블로그 소개글 변경

블로그 인기글, 대표글 설정

블로그 모먼트 설정

블로그 글 목록 변경

모바일 앱 기능 꼼꼼하게 알아보기

　모바일 앱은 다음과 같이 하단의 1번부터 5까지 총 5가지 기능으로 이루어져 있습니다. 어떤 역할을 하는지 각각의 기능에 대해 알아보도록 하겠습니다.

모바일 앱 기본 기능 5가지 살펴보기

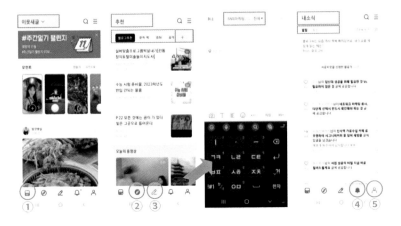

1) **이웃새글** : 내가 맺은 이웃들의 새 글, 새 소식을 접할 수 있는 곳입니다. 〈이웃새글∨〉를 누르면 그룹별로 정렬이 되어 있어 보고 싶은 그룹의 글만 편리하게 확인할 수 있습니다.

2) **블로그 추천** : 내 관심사와 비슷한 주제를 등록하여 주제별로 확인이 가능합니다. 오른쪽의 〈+모양〉을 클릭하여 내 관심사에 맞는 주제를 선택해 보세요. 나와 비슷하거나 나보다 잘 운영하고 있는 블로그를 벤치마킹 할 수 있습니다.

3) **블로그 글쓰기** : PC 뿐만 아니라 모바일 앱에서도 쉽고 빠르게 블로그 포스팅이 가능합니다.

4) **내소식(알림&활동)** : 공감, 댓글, 이웃추가 등 나에게 온 메시지는 알림에서 확인이 가능합니다. 또한 내가 다른 사람의 블로그에 남긴 메시지는 활동에서 확인할 수 있습니다.

5) **내 프로필** : 모바일 앱에서 보여지는 내 프로필 화면입니다.

모바일 프로필 내 세부 기능 살펴보기

   모바일 앱 하단의 5가지 기능 외에 내 프로필 탭에 나와있는 화면 구성을 좀 더 자세히 살펴보겠습니다.

1) **홈 편집** : 모바일 앱의 메인 화면을 꾸미는 메뉴입니다. 스킨 이미지, 커버, 소개글, 닉네임 등을 변경할 수 있습니다.
2) **카테고리** : 카테고리의 수정, 삭제, 추가가 가능합니다.
3) **안부글** : 이웃 또는 서로이웃이 남긴 안부 글을 확인합니다.
4) **이웃목록** : 이웃 확인 및 이웃 그룹 변경, 이웃 전체 숫자를 확인할 수 있습니다.
5) **통계** : 일간현황, 방문분석, 사용자분석, 순위 등 내 블로그의 통계를 모바일로 확인할 수 있습니다.

6) **공유아이콘** : 카카오톡, 라인, 문자, 밴드 등 다른 채널로 메시지를 보내 친구를 내 블로그로 초대할 수 있습니다.

모바일 통계 기능 사용법

　블로그를 운영하면서 가장 많이 보게 되는 곳은 통계 화면입니다. 내 블로그가 잘 운영되고 있는지 정확한 수치로 표현되는 곳이기 때문입니다. 오늘 하루 동안 몇 명이 내 블로그에 방문했는지, 방문한 사람들은 검색을 통해 들어왔는지, 외부 사이트를 통해 들어왔는지, 검색을 통해 들어왔다면 어떤 키워드로 들어왔는지 등 이 모든 것들을 통계 화면에서 정확한 수치로 확인할 수 있습니다. 바로 확인해 보도록 하겠습니다.

방문분석

일간/주간/월간 단위로 내 블로그를 방문한 사용자의 통계 지표를 나타냅니다.

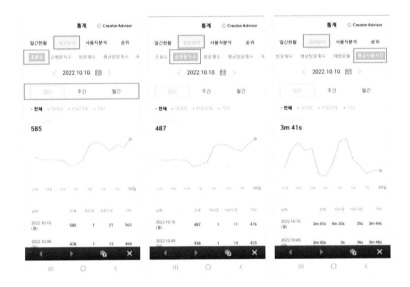

1) **조회수** : 선택한 기간 동안 내 블로그를 방문한 사용자가 내 블로그 내 페이지를 열람한 횟수를 말합니다. 한 페이지에 여러개의 글이 노출되면 이 중 첫 번째 글은 조회수가 1만큼 올라가지만 나머지 글은 조회수가 올라가지 않습니다.

2) **순방문자수** : 선택한 기간 동안 내 블로그에 1회 이상 방문한, 중복되지 않은 방문자수를 말합니다. 동일인이라도 로그인한 경우와 로그인하지 않은 경우에 개별 산정됩니다. A가 로그인 후 아침에 방문하고, 로그아웃 후 점심에 방문했다면 순방문

자수는 2명으로 측정됩니다.

3) **방문 횟수** : 선택한 기간 동안 내 블로그에 방문한 총 횟수를 말합니다. 30분 이내의 재방문은 가산되지 않습니다.

4) **평균 방문 횟수** : 선택한 기간 동안 순방문자의 평균 방문 횟수를 말합니다. 내 블로그 방문 횟수 전체/내 블로그 방문한 중복 없는 방문자 수를 나누어 해당 기간의 1인당 방문 횟수를 살펴보기 위한 지표입니다.

5) **재방문율** : 선택한 기간의 전체 방문자들 중 직전 기간에도 방문했던 사용자들의 비율을 말합니다. 예를 들어 7월에 내 블로그에 방문한 순방문자가 100명이 있다고 가정할 때 이 중에서 6월에도 방문하고 7월에도 방문한 사용자가 30명일 시 30%가 재방문율입니다.

6) **평균 사용 시간** : 선택한 기간 동안 사용자들이 내 블로그를 사용한 평균 시간, 즉 체류시간을 말합니다. 전체, 서로이웃, 피이웃 단위로 정보 확인이 가능합니다.

통계에서 조회수와 순방문자를 헷갈려 하는 분들이 많습니다. 차이점을 명확히 알려드릴게요. 순 방문자수는 말 그대로 내 블로그에 방문한 사람의 숫자이고, 조회수는 방문한 사람 중에 1개의 포스팅만 읽고 나간 사람도 있고 들어왔다가 2~3개의 포스팅을 보고 나간 사람도 있습니다. 1개의 포스팅만 읽고 이탈하였다면 조회수와 순 방문자수는 동일합니다. 그러나 1개 이상의 포스팅을 읽었다면 조회수가 순 방문자수보다 많습니다. 숫자가 더 많이 차이 날수록 내 블로그에 읽을거리가 많다는 뜻입니다.

유입분석

일간/주간/월간 단위로 내 블로그에 유입되는 사람들이 어떤 경로를 통해서 들어왔는지를 나타냅니다.

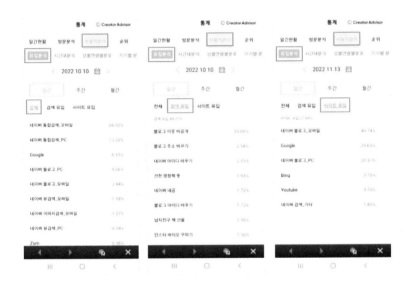

1) **유입분석(전체)** : 내 블로그에 유입되는 사람들이 모바일 검색을 통해 들어오는지(네이버 통합검색_모바일), PC 검색을 통해 들어오는지(네이버 통합검색_PC), Google을 통해 들어오는지(Google) 등 채널 유입 경로를 확인할 수 있습니다.
   뿐만 아니라 네이버는 채널 단위도 세분화하여 모바일 검색으로 들어오는 사람들 중에서도 뷰 검색을 통해 들어오는지(네이버 뷰검색_모바일), 이미지 검색으로 들어오는지(네이버 이미지검색_모바일) 유입경로를 확인해 채널 전략을 세울 수 있

습니다. 모바일 전성시대입니다. PC보다 모바일 유입수가 높기 때문에 모바일 사용 화면을 익히고 가독성 있는 포스팅을 발행해야 합니다. 또한 이미지 검색으로도 노출이 되기 때문에 포스팅 작성 시 이미지 파일 이름에도 해당 키워드를 넣는 것을 추천드립니다. 동영상도 마찬가지입니다.

2) **유입분석(검색 유입)** : 검색 유입에서는 내 블로그로 유입되는 사람들이 어떤 키워드로 검색하여 유입되었는지 확인할 수 있습니다. 검색 유입에 보이는 키워드는 네이버에서 검색 시 내 블로그가 상단에 노출되어 있어서 방문자를 받을 수 있습니다. 결국 상단에 노출이 되어야 사람들이 클릭할 수 있는 기회가 생기고, 클릭해야 내 블로그로 유입될 수 있습니다. 사업블로그로 운영한다면 검색 유입에 조회되는 키워드를 분석하고 활용해야 합니다. 이것이 고객이 나를 찾을 때 사용하는 실제 고객의 언어이기 때문입니다.

사용자 분석

1) **유입 분석** : 내 블로그에 방문하기 직전의 페이지 정보, 경로별 유입 비율을 확인합니다.
2) **시간대 분석** : 시간대별 조회수, 유입 경로, 성별·연령별 분포, 조회수 순위를 확인합니다.
3) **성별·연령별 분포** : 내 블로그 방문자의 성별·연령별 분포를 조회수, 순방문자수, 기준에서 확인합니다. 단, 성별·연령별

정보를 확인 가능한 이용자 수가 5명 미만일 시 개인정보 보호를 위해 데이터가 노출되지 않습니다.

4) **기기별 분포** : 이용자의 기기를 PC/모바일로 구분하여 조회수, 순방문자수 기준으로 데이터를 확인합니다.

5) **이웃 방문 현황** : 이웃별 조회수와 방문자 수를 확인합니다.

- 서로이웃 조회수: 서로이웃 이용자가 조회한 횟수
- 피이웃 조회수: 나를 이웃 추가한 이용자가 조회한 횟수
- 기타 조회수: 이웃 관계가 아닌 이용자가 조회한 횟수
- 서로이웃 순방문자 수: 서로이웃 이용자가 방문한 횟수
- 피이웃 순방문자 수: 나를 이웃 추가한 이용자가 방문한 횟수
- 기타 순방문자 수: 이웃 관계가 아닌 이용자가 방문한 횟수

6) **이웃 증감 분석** : 나를 이웃 추가/삭제한 이웃의 성별·연령별 분포를 확인합니다. 단, 성별·연령별 정보를 확인 가능한 이용자 수가 5명 미만일 시 개인정보 보호를 위해 데이터가 노출되지 않습니다.

7) **국가별 분포** : 선택한 기간 동안 내 블로그를 방문한 이용자의 국가명, 조회수와 비율을 확인합니다. 단, 조회한 기간의 조회수가 5 미만일 시 개인정보 보호를 위해 정보를 제공하지 않습니다.

순위

일간/주간/월간 단위로 내 블로그에서 조회가 가장 많이 된 게시물을 순서대로 100개까지 제공해 줍니다.

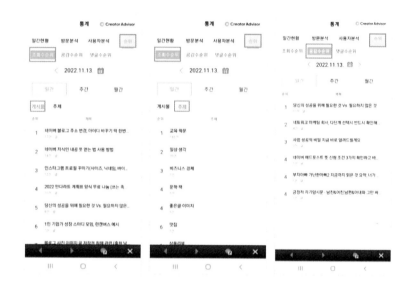

'게시물'에서는 어떤 게시물이 주로 상위노출 되고 있는지 확인할 수 있고, '주제'에서는 상위노출 되고 있는 게시물의 주제를 확인할 수 있습니다. 체험단, 인플루언서를 신청할 때에도 순위가 높은 주제를 참고하여 신청하게 되면 당첨될 가능성이 높습니다.

블로그 평균 데이터

블로그 평균데이터는 블로그 이용자의 전체 평균 데이터를 제공하며 약 3개월 주기로 한 번씩 업데이트 됩니다.

비교지표에서는 다음의 3가지 데이터를 비교할 수 있습니다
1) 활동 중인 블로그 전체의 평균 데이터
2) 월간 조회수가 높은 상위 5만개 블로그의 평균 데이터
3) 그리고 거기서 나의 현재 블로그 평균 데이터

열정적으로 활동하는 상위 5만개 블로그의 조회수, 순방문자 수는 지금 당장 따라가기 어려워도 게시글 평균 사용시간(체류시간)은 지금부터 충분히 가능합니다. 지표를 참고하여 블로그 운영 계획을 세워보세요.

작은 회사일수록
상위노출 전략은 확실하게 알아야 한다

블로그의 꽃, 상위노출

프리랜서, 1인 기업가, 소상공인, 이제 막 사업을 시작하는 사장님들의 경우 SNS를 이용한 바이럴 마케팅은 반드시 필요합니다. 그러나 어떻게 시작해야 할지 몰라서, 돈이 없어서, 시간이 없어서, 제품과 서비스가 아무리 좋아도 그것을 알릴 방법을 모릅니다. 규모가 작은 회사일수록 기획, 컨셉, 카피, 디자인 등 콘텐츠를 만드는데 필요한 인력을 혼자서 감당해야 합니다. 그러려면 무엇이든 무작정 시작하기 보다 목표를 수립하고 그에 맞는 전략으로 접근해야 빠른 성장을 이룰 수 있습니다. 이번 챕터에서는 블로그의 꽃, 상위노출에 대해 알아보도록 하겠습니다.

우리가 기를 쓰고 상위노출을 하려는 이유

우리가 기를 쓰고 상위노출을 하려는 이유가 있습니다. 예를 들어 '고양이 수제간식'을 판매하고 있고 이것을 홍보하기 위해 블로그에 글을 쓴다고 가정해 봅니다. 아마도 이 제품의 좋은 점을 열심히 나열하겠죠. '사람이 먹는 식품과 100% 동일한 원료를 사용해 안전하게 먹일 수 있다', '자연식에 가까워서 다른 제품보다 순하다' '소화가 잘된다', '맛있어 한다', '아주 잘 먹는다' 등 이 제품이 얼마나 좋은지 홍보하기 위해 정성스럽게 포스팅을 할 겁니다.

〈네이버 '고양이 수제간식' 검색 시〉

그런데 고양이 수제 간식을 검색했을 때, 보다시피 나만 홍보하는 것이 아닙니다. 이미 많은 사람들이 저처럼 시간과 공을 들여 정성스럽게 글을 쓰고 있습니다. 여기서 중요한 것은 열심히 쓴 내 글이 상단에 노출되어 있어야 알릴 수 있다는 것입니다.

내가 쓴 포스팅이
▼
네이버 상위노출이 되어 있어야
▼
사람들이 내 블로그에 방문하고
▼
내 블로그에 방문해야 내가 홍보하고 싶은 메시지를 전달할 수 있고
▼
메시지를 전달해야 궁극적으로 원하는 수익화를 할 수 있다

내가 쓴 글이 네이버 상위에 노출되어 있어야 잠재고객이 검색했을 때 내 글을 클릭할 수 있는 기회가 생기고, 그 글을 클릭해야 내 블로그에 방문할 수 있게 됩니다. 내 블로그에 방문해야 내가 하고 싶은 메시지를 전달할 수 있고, 그것이 궁극적으로 수익화와 연결될 수 있습니다. 만약 내가 쓴 글이 상위에 노출이 되어 있지 않고 몇 십 페이지 뒤에 있다면, 사람들이 내 글을 클릭할 수 있는 기회조차 없어집니다.

무조건 이 글만 보고 판매가 되는 것은 아니지만 판매될 수 있는 확률을 높일 수 있습니다. 이렇게 내가 쓰는 글들이 계속해서 상위에 노출되어 있다면 우리는 훨씬 더 많은 기회들을 얻을 수 있습니다. 그래서 블로그를 공부하는 많은 사람들이 상위노출 방법에 대해 기를 쓰고 배우는 겁니다.

매년 어려워지는 검색엔진 최적화(SEO, 상위노출)

모두가 원하지만 아무나 성공할 수 없는 상위노출 방법을 배우기 위해서는 검색엔진에 대한 이해가 필요합니다. 빠르게 변하는 트렌드에 맞춰 검색엔진도 계속해서 바뀌고 있습니다. 과거 리브라(Libra) 로직에서 씨랭크(C-Rank) 로직으로, 이제는 '가장 구글화된 로직'으로 불리는 다이아(D.I.A) 로직까지 그 변천사를 잠시 이해하고 가보도록 하겠습니다.

리브라 로직(1일 1포스팅의 중요성)

네이버 초창기, 리브라 로직이었을 때는 매일 포스팅하는 1일 1포스팅만 하면 상위노출이 가능했었습니다. 즉 네이버 블로그를 많이 이용하면 상위노출이 가능했었던 거죠. 그랬더니 너도 나도 모두가 1일 1포스팅을 하게 됩니다. 문제는 콘텐츠의 내용이었습니다. 1일 1포스팅만 하면 가능했기에 검증되지 않은 글들이 올라오기 시작합니다. 이에 검색자들은 원하는 정보를 찾을 수 없었고, 상업적이거나 음란물 등의 글들을 매일 보게 됩니다.

씨랭크 로직 (전문적인 글의 중요성)

검색자들이 원하는 정보를 찾을 수 없게 되자 네이버는 1일 1포스팅을 해도 상위노출을 시켜주지 않았습니다. 리브라 로직에서 한층 업그레이드된 씨랭크 로직이 나온 때였습니다. 씨랭크 로직은 무분별한 글이 아니라 전문적으로 한 분야의 글을 오랫동안 써온 블로그에게 상위노출을 시켜주었습니다. 이때부터 블로그의 주제가 중요해졌습니다. 현재 네이버는 하나의 주제로 전문성을 나타내는 블로거를 인플루언서로 선정해주고 있습니다.

그런데 문제는 오랫동안 운영해온 블로그를 노출 시켜주다 보니 새로 시작하는 블로그는 아무리 전문적으로 써도, 기간이 짧아 상위노출이 되지 않았고 검색자들은 또 다시 같은 정보만 얻게 되었습니다.

다이아 로직 (경험적인 글의 중요성)

그래서 현재 가장 구글화 된 로직으로 불리는 다이아 로직이 나왔습니다. 이제 막 시작하여 블로그가 아직 검증이 안됐다 하더라도, 사람들이 공감하고 좋아할 만한 유익한 글을 올려, 이탈률이 적은 블로그에게 상위노출을 시켜주고 있습니다.

앞서 배웠던 네이버 통계에서는 검색자가 내 블로그에서 어느 정도 머무르는지를 나타내는 '평균 사용 시간'을 제공해 주고 있습니다. 평균 사용 시간, 즉 체류시간이 길수록 내 블로그에 볼 거리가 많다고 판단하여 상위에 노출시켜 주는 겁니다.

구글에서는 어느 글에 얼마나 오래 머무는지 스크롤을 내리는 속도까지 트래킹 한다

결국 이 글이 얼마나 유용한지는 이 안에 들어간 내용보다, 실제 이 글을 보는 검색자의 행동패턴을 분석 하는 게 더 유의미하다고 판단하는 겁니다. 결국 여러분은 이 세가지를 모두 만족할 수 있는 포스팅을 지속적으로 발행해야 합니다.

1일 1포스팅, 가능하다면 초반에는 1일 1포스팅을 추천드립니다. 상위노출을 위해 1일 1포스팅이 필수 조건은 아니지만, 1일 1포스팅 하는 사람과 그렇지 않은 사람이 같은 블로그 지수를 받을 수는 없습니다. 또한 많은 글을 써봐야 내가 어떤 글을 꾸준히 쓸 수 있는지 알 수 있습니다.

전문적인 글, 전문성을 보이기 위해서는 주제를 정하고 시작해야 합니다. 그러나 처음부터 많은 주제를 다루게 되면 표현하려는 콘셉이 불명확해지므로 3가지 이하로 시작하길 추천드립니다. 어느 정도 메인 주제가 뚜렷해졌을 때 가지를 뻗어나가야 콘셉을 명확하게 표현할 수 있습니다.

경험적인 글, 사람들은 진실한 것에 반응합니다. 내 경험을 바탕으로 사람들에게 도움이 되고 공감할 만한 글을 써야 사람들은 반응합니다. 그래서 내돈내산 키워드가 유행하기 시작했죠.

1일 1포스팅, 전문적인 글, 경험적인 글을 쓰기 위해 노력해야 합니다. 정답은 아니지만 이미 상위노출이 된 블로그는 이러한 방법으로 블로그를 운영하고 있습니다.

상위노출을 위한 불변의 법칙

블로그의 꽃, 상위노출에 대해 네이버는 어떠한 것도 말해준 적이 없습니다. 모든 것은 마케터들의 가설과 실행, 분석, 검증에 의해 나온 결과입니다. 앞서 보셨듯이 알고리즘도 리브라, 씨랭크, 다이아로직처럼 계속해서 변하고 있습니다. 배우고 알아야 할 것들이 많다는 이야기입니다. 그러나 모든 것이 빠르게 변해도 변하지 않는 것이 하나 있습니다. 그것은 바로 네이버가 신뢰하는 블로그가 되는 것입니다. 다음은 네이버가 신뢰하는 블로그 운영 전략 입니다.

〈상위노출을 위한 블로그 운영 전략〉

운영기간(블로그 지속성)

블로그를 얼마나 오랫동안 운영했는지, 블로그의 지속성을 나타내는 운영기간을 중요시합니다. 당연한 이야기지만 오늘 생성된 블로그보다 5년 전, 10년 전에 생성되어 꾸준히 운영해온 블로그의 신뢰도가 높을 수밖에 없습니다. 하루에도 수십만, 수백만 블로그가 생성되었다가 사라집니다. 오늘부터 시작하더라도 포기하지 않고 운영한다면 네이버가 신뢰하는 블로그가 될 수 있습니다.

포스팅수(블로그 활동성)

포스팅을 얼마나 자주, 활발하게 발행하는지 블로그의 활동성을 나타내는 포스팅 발행수도 중요합니다. 여러분이 보기에도 포스팅이 10개뿐인 블로그보다 100개, 1,000개 이상의 포스팅이 발행되어 자신의 색깔을 드러내고 있는 블로그가 더욱 신뢰될 것입니다.

방문자수(블로그 유입성)

내 블로그가 믿을만한 블로그인지를 직관적으로 판단하는 숫자, 방문자수 역시 중요합니다. 방문자수를 높이기 위해서는 유입키워드가 필요합니다. 나에게 맞는 적절한 유입키워드를 사용하여 방문자수를 꾸준히 늘려 나가는 블로그 운영전략을 세워야 합니다.

반응지수(블로그 인기도)

공감을 누르고, 댓글을 남기고, 스크랩을 하는 것은 네이버가 봤을 때 블로그의 인기가 높고 소통이 활발하게 이루어지고 있는 블로그로 판단됩니다. 이런 긍정적 반응들을 만들어내는 것 역시 중요합니다.

운영기간, 포스팅수, 방문자수, 반응지수, 이 4가지는 상위노출을 위해서 가장 중요하면서도 가장 기본이 되는 블로그 운영전략입니다. 블로그에는 보이지 않지만 '품질지수'라는 것이 있습니다. 이 4가지의 긍정적인 반응들이 블로그의 품질지수를 높일 수 있습니다. 그러나 많은 분들이 이런 기본적인 부분은 잊어버리고 오로지 상위노출 스킬 만을 배우려고 합니다. 이러한 운영전략 없이 스킬만을 사용한다면 당장 한 두 개는 상위노출이 될 수 있어도 지속적으로 블로그를 운영하는 데에는 도움이 되지 않습니다. 이 4가지를 신경 쓰면서 블로그를 운영하시길 바랍니다.

그럼 조금 더 자세히 상위노출 위한 구체적인 방법에 대해 알아보도록 하겠습니다.

상위노출에 영향을 미치는 요소들

- 제목
- 글자수
- 사진수
- 체류시간
- 공감수
- 댓글수
- 키워드 경쟁정도
- 글 작성빈도
- 외부트래픽
- 전문성 글
- 광고성 글
- 기타

상위노출에 영향을 미치는 요소들은 아주 많습니다. 블로그 제목, 글자수, 사진수, 체류시간, 공감수, 댓글수, 키워드 경쟁정도, 글 작성빈도, 외부트래픽, 전문성, 광고성 글 등 지금 말씀드리는 것 외에도 무수히 많습니다. 하지만 모든 것을 다 알고 시작할 수는 없습니다. 지금부터 말씀드리는 것만 잘 숙지하셔도 충분합니다.

상위노출에서 중요한 3가지

키워드의 중요성	블로그 제목에는 반드시 키워드
	블로그 내용에도 반드시 키워드
체류시간의 중요성	블로그 사진수 OO장
	블로그 글자수 OO자
	블로그 동영상 OO개
맥락의 중요성	맥락에 맞는 포스팅 작성

상위노출을 위해서 가장 중요한 것은 키워드, 체류시간, 글의 맥락입니다. 키워드가 있어야 노출 될 가능성을 얻고, 전달하려는 글의 맥락이 정확해야 체류시간을 확보할 수 있습니다. 내가 쓴 글에 오랫동안 머무르게 할 수 있는 힘, 체류시간을 얻을 수 있다면 사실 다른 스킬은 배울 필요가 없습니다. 그럼 이 3가지에 대해 자세히 알아보도록 하겠습니다.

키워드의 중요성(블로그 제목에는 반드시 키워드)

온라인은 모든 것을 키워드로 검색합니다. 그렇기 때문에 여러분이 쓰려는 블로그 제목에는 반드시 키워드가 있어야 합니다. 키워드 없이 사용한 제목은 검색조차 되지 않습니다. 예를 들어 오늘 **홍대 맛집** 중 한곳을 다녀와서 포스팅을 쓴다고 할게요. 그러면 블로그 제목에 **홍대 맛집**이라는 키워드가 있어야 합니다. 그래야 누군가 네이버에서 **홍대 맛집**으로 검색했을 때 내 포스팅이 노출될 수 있는 기회를 얻을 수 있습니다.

〈출처 : 네이버 검색〉

만약 아무런 키워드 없이 제목에 **오늘 진짜 맛있게 먹었던 곳**이라고 쓴다면 누군가 **홍대 맛집**으로 검색했을 때 내 글이 노출될 가능성은 없습니다. 포스팅 내용에 아무리 홍대 맛집과 관련된 이야기가 잘 써있다 하더라도 노출되지 않습니다. 반드시 제목에 내가 쓰려는 키워드가 포함되어 있어야 노출될 가능성이라도 얻을 수 있습니다.

다른 예시를 하나 더 들어보겠습니다. 제가 건대에 있는 치과를 운영하고 있어요. 나의 잠재 고객이 **건대치과**로 검색했을 때 내 치과 매장이 떴으면 좋겠습니다. 그럼 블로그 제목에 무엇이 들어가야 할까요?

N **건대치과**

통합 VIEW 이미지 지식iN 인플루언서 동영상 쇼핑 뉴스 어학사전 지도

건대치과 치아교정을 통해 구강관리를

건대치과

건대치과 추천 꼼꼼히 체크한다면

건대치과

건대치과 임플란트에 대한 궁금증

건대치과

〈출처 : 네이버 검색〉

제목에 **건대치과**라는 키워드가 있어야 합니다. 만약 이런 키워드 없이 **당신의 치아를 확실하게 책임져주는 곳**이라고만 썼다면 누군가 종로치과로 검색했을 때 노출이 될 수 없습니다. 보다시피 블로그 제목에 내가 원하는 키워드를 넣은 경우에만 노출이 되고 있습니다.

키워드의 중요성(블로그 내용에도 반드시 키워드)

블로그 제목에 사용한 **홍대 맛집, 건대치과**의 키워드를 블로그 내용에도 반복해서 사용해 주어야 합니다. 네이버 검색 봇은 제목 키워드와 내용 키워드를 하나의 세트로 검색해서 보여줍니다.

〈출처 : 네이버 검색〉

네이버에 키워드로 검색 시 블로그 제목과 내용에 키워드가 볼드처리되어 있는 것을 확인할 수 있습니다. 따라서 제목뿐만 아니라 포스팅 내용에도 반드시 키워드를 써주세요. 이때 어느 강사님은 7~8번을 반복하라는 분도 있고, 이렇게 많은 반복은 오히려 상업적으로 보이기 때문에 5번 이상만 하라고 하는 분도 있습니다.

분명한 것은 제목에 있는 키워드를 반드시 본문에도 녹여 내야 한다는 것입니다. 그러나 그 횟수는 정해져 있지 않습니다. 키워드마다 경쟁 정도가 다르기 때문에 단 1번만으로도 노출이 되는 경우가 있고 그렇지 않은 경우가 있습니다. 이제 막 시작하는 우리는 3번 이상 키워드 반복을 목표로 시작하겠습니다. 이때 주의할 점은 키워드를 본문에 녹여서 연관성 있게 들어가야지 너무 생뚱맞게 튀어나오면 안됩니다. 3번을 반복한다고 했을 때 시작부분에서 한 번, 중간 부분에서 한 번, 그리고 마지막 부분에서 한 번 정도 반복해 주시면 됩니다.

체류시간의 중요성(블로그 사진수, 글자수, 동영상)

앞서 네이버 알고리즘에 대해 알려드렸습니다. 초창기 리브라(Libra) 로직부터 씨랭크(C-Rank), 다이아(D.I.A) 로직에 이르기까지 네이버가 추구하는 방향은 좋은 정보를 제공하면 사용자들이 내 블로그에 오래 머문다는 것입니다. 그래서 좋은 블로그라고 판단하는 기준을 얼마나 오랫동안 내 블로그에 머물면서(체류시간) 많은 게시글을 보았는지(페이지뷰)로 판단하고 있습니다. 그러다 보니 더 오랫동안 머물게 하기 위하여 텍스트, 이미지, 동영상 등의 멀티미디어를 적극적으로 활용하고 있습니다.

사진 수를 15장 이상 넣어라, 글자 수를 1500자 이상 넣어라, 동영상을 꼭 첨부해야 한다는 말이 나오는 이유입니다. 이 숫자를 채우면 사람들이 블로그에 머무는 시간이 길어져 네이버가 말하는 블로그 체류시간이 어느 정도 보장된다는 것이죠. 숫자를 딱 정할 수는 없지만 텍스트, 이미지, 동영상을 적극적으로 활용하여 블로그의 체류시간을 늘리도록 해야 합니다.

체류시간 Up, 동영상 첨부

1) 텍스트로만 구성된 포스팅
2) 텍스트+이미지로 구성된 포스팅
3) 텍스트+이미지+동영상으로 구성된 포스팅

만약 위 3가지 포스팅 내용이 동일하다는 가정하에 여러분이라면 어떤 포스팅에 더 오래 머무를까요? 아마도 텍스트로만 구성된 포스팅보다는 이미지와 함께 있는 포스팅이 더 눈에 띄고, 만약 이미지에 동영상까지 첨부되어 있다면 더 오래 머물며 자세히 볼 가능성이 높습니다. 네이버 검색엔진도 동영상이 첨부된 포스팅을 검색결과 상위에 노출시켜주고 있습니다. 왜냐하면 동영상이 첨부됨으로써 이 포스팅의 내용이 풍성하고 정확하다고 판단할 것이기 때문입니다.

맥락의 중요성(맥락에 맞는 포스팅 작성)

블로그 제목과 그 안에 들어가는 내용은 연결되어야 합니다. 제목에는 한껏 기대가 되게 써 놓고 막상 내용에는 원하는 정보를 얻을 수 없다면 검색자들은 바로 이탈할 가능성이 높습니다. 이런 경우 오히려 내 블로그 지수에 독이 됩니다. 빠른 이탈율은 네이버가 봤을 때 좋은 블로그로 판단할 수 없기 때문입니다. 따라서 블로그 제목과 내용, 그 안에 들어가는 이미지, 동영상들은 모두 맥락에 맞게 어울리는 것들로 채워져야 합니다.

상위노출이 꼭 필요한, 체험단 가이드 샘플

상위노출을 위한 방법은 체험단 가이드만 봐도 알 수 있습니다. 무료로 상품 또는 서비스를 제공해주고 포스팅을 써 달라고 요청하는 그들이야 말로, 누구보다 상위노출이 정말 필요한 사람들입니다. 그들이 보내주는 가이드를 보면 다음과 같습니다.

안녕하세요 OOOO입니다^^
다음주 주중에 배송이 시작 될 예정입니다!!
〉차돌된장찌개 밀키트 + 닭갈비 밀키트(증정)
〉 증정되는 닭갈비 밀키트에 대한 리뷰 작성은 자유롭게 하시면 됩니다! 먼저 체험단 리뷰 가이드 보내드리겠습니다!
〉 가이드는 첨부파일로 함께 드렸습니다.

---

1 활동방향

제품 제공	차돌된장찌개 + 닭갈비(증정)
리뷰 기한	제품 배송 받은 후 5일 이내
필수키워드	#프레시력 #밀키트프랜차이즈 #프레시력밀키트 #프레시력된장찌개 #차돌된장찌개밀키트
선택키워드	#밀키트추천 #밀키트 #밀키트맛집 #차돌된장찌개밀키트맛집
제목 예시	1) 밀키트프랜차이즈 프레시력 차돌된장찌개밀키트
	2) 5성급호텔 쉐프 레시피로 만든 프레시력 차돌된장찌개 밀키트
	3) 1인가구 간편요리 차돌된장찌개밀키트추천

 아예 키워드를 제공해 주고 제목에 필수 키워드를 넣어라, 본문에도 필수 키워드를 3~4회 이상 반복해라, 이미지는 20장 이상을 올려라, 10초 내외의 동영상 1개는 필수이다 등 상위노출이 꼭 필요한 체험단 가이드에서도 앞서 말씀드린 방법과 동일하게 이야기하고 있습니다.

 아무 생각 없이 블로그를 쓰는 게 아니라 이런 기준을 세워서 블로그를 쓰게 되면 내 글이 하나라도 더 노출될 확률을 얻을 수 있습니다. 앞으로 블로그에 글을 쓸 때는 '상위노출의 기본 전략 방법'을 프린트하여 책상 옆에 붙여 두고 이 기준에 맞춰 연습해 보시길 바랍니다.

내가 쓴 모든 포스팅이 상위노출 될 수는 없다!

그러나 아무리 상위노출이 블로그의 꽃이라고 해도 내가 쓴 모든 포스팅이 상위노출 될 수는 없습니다. 오늘 배운 방법으로 시도한다고 해서 무조건 상위노출이 되지도 않습니다. 그렇게 간단했다면 모든 블로거들이 이미 성공했을 겁니다.

오늘 배운 내용은 빙산의 일각입니다. 상위노출을 위해선 아직 더 많은 길들이 남아있죠. 그러나 시작이 반입니다. '키워드가 무엇인지, 제목에 내가 쓰려는 키워드가 반드시 있어야 하는구나, 내용에도 키워드 반복이 있어야 하는구나' 이 정도만 알고 시작해도 충분합니다.

상위노출 기본 전략 방법

블로그 제목	반드시 키워드 + 나만의 수식어
블로그 내용	제목에 썼던 키워드 반복 필요
블로그 사진수	15장 이상 (최소 5장부터 연습)
블로그 글자수	1500자 이상 (최소 500자부터 연습)
블로그 동영상	최소 10초 이상 동영상 첨부
맥락의 중요성	제목, 내용, 텍스트, 이미지, 동영상이 연결되도록

상위노출, 방문자 유입을 늘리는
세부 키워드 공략법

온라인은 키워드가 전부다

온라인은 키워드가 전부라고 해도 과언이 아닙니다. 왜냐하면 모든 것을 키워드로 검색하기 때문입니다. 우리는 무언가 궁금할 때 포털사이트를 열어 키워드로 검색합니다. 앞서 배운 상위노출을 위해서도 제목과 내용에 키워드가 있어야 합니다. 원하는 유튜브 영상을 시청할 때도 키워드 검색을 통해서 이루어집니다. 이렇듯 온라인은 모든 것이 키워드로 통합니다.

그렇다 보니 검색 포털사이트 네이버도 키워드로 시작해서 키워드로 끝납니다. 나에게 맞는 좋은 키워드를 얼마나 많이 찾고, 잘 가지고 노느냐에 따라 블로그의 성패가 달려있습니다.

대표 키워드 Vs. 세부 키워드

온라인에서 사용하는 키워드는 크게 2가지로 나눌 수 있습니다. 바로 대표 키워드와 세부 키워드입니다. 더 세부적으로 들어가면 브랜드 키워드, 경쟁사 키워드, 정보성 키워드, 이슈 키워드, 조합 키워드 등 많은 종류의 키워드가 있지만 역시나 모든 것을 다 알고 시작할 필요는 없습니다. 대표 키워드와 세부 키워드를 먼저 이해하고 찾는 방법에 대해 알아야 합니다.

대표 키워드란?

해당 분야를 대표하는 핵심 키워드
고객의 다양한 수요를 포괄하는 키워드

Ex. 쇼핑몰, 여성의류, 청바지, 원피스, 블라우스, 스커트

대표 키워드는 말 그대로 내 분야를 대표하는 핵심 키워드입니다. 쇼핑몰을 운영하고 있다면 '쇼핑몰' '여성의류' '청바지' '원피스' 이런 키워드들은 내 분야를 대표하는 핵심 키워드입니다. 성형외과를 운영한다고 했을 때 '성형외과' '병원'도 대표 키워드입니다. 왜냐하면 성형외과를 검색했을 때 코성형을 할 수도 있고, 눈성형을 할 수도 있고, 얼굴성형을 할 수도 있어 다양한 수요를 포괄하고 있기 때문입니다. 보통의 대표 키워드는 하나의 단일 키워드로 만들어져 그 분야를 대표하고 있습니다. 그렇기 때문에 누구나 검색할 수 있고, 누구나 검색할 수 있다는 것은 그만큼 검색량이 높다는 것을 뜻합니다. 결국 경쟁이 치열하다는 뜻이죠.

세부 키워드란?

대표 키워드 앞뒤로 수식어가 붙는 키워드
고객의 구체적인 수요가 반영되어 있는 키워드

Ex. 청바지→남자 청바지→20대 남자 청바지→20대 남자 청바지 추천

세부 키워드는 대표 키워드 앞뒤로 수식어가 붙어 세부적으로 나누어지는 키워드입니다. 그래서 주변 키워드, 확장 키워드, 지역 키워드라고도 불립니다.

앞에서 봤던 청바지라는 키워드는 청바지 분야를 대표하는 대표 키워드로 누구나 사용하는 키워드입니다. 그렇기 때문에 많은 사람들이 이 키워드를 사용하고 있고, 그만큼 경쟁이 센 키워드죠. 그래서 이럴 때는 대표 키워드의 경쟁을 낮추기 위해 앞뒤로 수식어를 더 붙여 세부 키워드로 사용합니다. 그냥 청바지가 아니라 '남자 청바지, 여자 청바지' 등 성별로 나눌 수도 있고, '남자 청바지 추천, 남자 청바지 베스트' 등 청바지 뒤에 수식어를 붙일 수도 있습니다.

이런 세부키워드를 찾기 위해서는 먼저 고객의 검색 의도를 알아야 합니다. 그래야 고객의 구체적인 수요를 반영하여 구매 및 서비스 이용으로 이어질 수 있는 확률을 높일 수 있습니다. 다음은 네이버 검색광고에서 제공한 대표 키워드와 세부 키워드의 예시입니다.

대표 키워드 : 펜션			
타깃	지역	서비스	시즌
가족여행펜션	도심펜션	스위밍스파펜션	스키장펜션
가족풀빌라펜션	서울근교당일펜션	개별바베큐펜션	바다앞펜션
키즈룸펜션	경기도인근펜션	개인수영장펜션	크리스마스펜션
커플펜션	OO 터미널근처펜션	실내수영장펜션	여름휴가펜션추천
게스트하우스	OO 펜션추천	온수수영장펜션	대학MT펜션
워크샵펜션	OO 에서가까운펜션	가평픽업펜션	대관령 눈꽃축제펜션
단체펜션	OO 계곡펜션	바비큐제공펜션	해수욕장펜션
애견동반펜션	OO 해수욕장펜션	히노끼탕펜션	

"세부 키워드를 잘 활용하기 위해서는 타깃(목표대상)을 고려한 키워드를 발굴해야 합니다. 키워드는 고객님의 사이트를 잠재고객에게 노출시키는 첫 번째 매개체로 나의 상품, 서비스를 누가 이용하는지 타깃을 고려해서 선택해야 합니다." 〈출처 : 네이버 검색광고〉

쉽게 말해 대표 키워드는 누구나 검색하는 키워드라 하나의 단어로 된 단일 키워드가 많고, 세부 키워드는 2단, 3단 키워드로 되어 있어서 더 세부적이고 디테일합니다.

'청바지' 보다는 '남자 청바지'가, '남자 청바지' 보다는 '20대 남자 청바지'가, '20대 남자 청바지' 보다는 '20대 남자 청바지 추천'이 훨씬 더 세부적입니다. 이제 막 시작하는 우리는 블로그 지수가 낮기 때문에 단일 키워드를 사용하지 말고, 고객의 검색 의도를 반영한 2~3개 단어 이상의 세부 키워드를 만들어 사용해야 합니다.

세부키워드를 찾는 4가지 방법

온라인은 모든 것을 키워드로 검색하고, 이런 키워드에는 크게 대표 키워드와 세부 키워드로 나뉜다고 말씀드렸습니다. 고객의 다양한 수요를 포함하는 대표 키워드는 누구나 검색하기 때문에 경쟁이 치열합니다. 그래서 이제 막 시작한 우리는 대표 키워드 앞뒤로 수식어를 붙여 경쟁이 덜 치열한 세부 키워드를 많이 찾아야 합니다.

세부 키워드는 고객의 구체적인 수요를 포함하고 있어 블로그에 글을 쓸 때도 필요하고, 네이버에 광고를 할 때도 저비용으로 고효율을 낼 수 있습니다. 그럼 이런 세부 키워드를 어디서 찾는지 알아보겠습니다.

1) **네이버광고시스템**
   연관 키워드 제공, 키워드 확장 연습
2) **네이버 자동완성검색어**
   트래픽이 많이 발생된 키워드
3) **파워링크, 쇼핑광고 키워드**
   키워드 공부를 많이 한 광고주들이 사용하는 키워드
4) **VIEW 키워드**
   실제 블로거들이 사용하고 있는 키워드

1) 네이버광고시스템

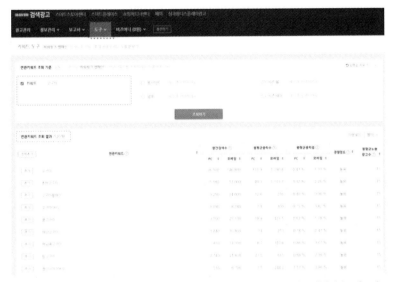

<출처 : 네이버광고시스템>

기본적으로 대표 키워드 및 세부 키워드는 네이버광고시스템에서 가장 쉽게 찾을 수 있습니다. 이 외에 블로거들이 이용하고 있는 블랙키위, 웨어이즈포스트 검색 사이트는 근간이 되는 네이버광고시스템에서 데이터를 불러오는 것입니다.

회원 가입 후 <광고시스템 → 도구 → 키워드 도구>로 이동하여 사용할 수 있습니다. 원하는 키워드를 넣고 조회하면 관련된 연관 키워드를 최대 1,000개까지 제공해 주고 더불어 PC 검색량, 모바일 검색량도 함께 제공해 줍니다. 여기서 조회된 연관 키워드를 보고 확장하여 나에게 맞는 세부 키워드를 만들 수 있습니다.

2) 네이버 자동완성검색어

두 번째는 네이버 자동완성검색어입니다. 사용자가 의도한 검색어의 일부만 입력해도 입력한 문자가 포함된 다양한 자동완성어를 추천하여 빠르고 편리하게 검색이 가능한 기능입니다. 모바일 환경에서는 더욱 간편한 검색을 위해 초성만 입력해도 자동완성 겨로가가 제공됩니다.

이 자동완성검색어는 이미 많은 사용자들이 찾아서 트래픽이 발생됐던 검색어가 제안됩니다. 그렇기 때문에 자동완성검색어를 확인하고 내가 사용할 만한 세부 키워드를 미리 수집할 수 있습니다.

또한 자동완성검색어는 사용자의 검색 패턴 및 주요 정보 반영으로 인해 노출되는 검색어가 수시로 변할 수 있고, 시스템에 의해 자동으로 반영됩니다.

3) 파워링크, 쇼핑광고 키워드

세 번째는 네이버키워드광고인 파워링크, 쇼핑광고입니다. 비용을 지불하고 광고를 집행하는 광고주는 누구보다 키워드를 잡기 위해 고민하고 노력해서 올린 결과물입니다. 아까운 비용을 지불하고 집행하는 것이기 때문에 하나라도 더 노출되기 위해 고민했겠죠. 이미 광고로 올라와 있는 카테고리, 상품명, 서비스명 등 모든 키워드를 참고해 보세요. 내가 미처 생각하지 못했던 키워드가 있을 수 있습니다.

4) VIEW 키워드

N　**원피스**

통합　쇼핑　이미지　VIEW　지식iN　인플루언서　동영상　뉴스　어학사전　지도

• 최신　• 블로그　• 카페

코스 원피스 딥 브이넥 드레스 COS 연말 파티룩
찌찐 - 얼마 전에 크리스마스 포스팅 올렸는데, **원피스**를 더 많이 물어봐 주시더라
고요. 그래서 빠르게 올려봐요. 연말 파티룩으로도 추천해 보는 코스 **원피스** 딥…

마쥬 **벨벳 원피스** 38불 MAJE 아울렛 직구
벨벳 **원피스**도 38불대 등, 직배송비 $25 있어도 가격 너무 좋고요. 제품 가격만 $15
0… (●‿●) 블로럴 플레이수트 |쇼핑하기| **원피스**같아 보이지만 플레이수트입니…

연말 트위드 **원피스 추천**! 라인 예쁜 포레드센느 파티룩
연말 트위드 **원피스 추천**! 라인 예쁜 포레드센느 파티룩 by 줴 나만의스타일 (본…
연말 **원피스** 골랐어요! 1년을 예쁘게 장식할 크리스마스와 연말을 위한 파티룩…

연말 파티 원피스 드레스 단혜 시그니처 입니다.
연말 파티 **원피스** 드레스 단혜 시그니처 입니다. 대표적으로 블랙 오트밀… 상품명:
핀턱 퍼프 소매 **원피스** 소재:린넨100 색상:블랙 레드 오트밀 화이트 등~ 사이즈…

　네 번째는 실제 블로거들이 사용하고 있는 VIEW 키워드입니다. 키워드 발굴에 익숙하지 않은 우리가 가장 많이 사용하는 방법이 될 겁니다. 대표 키워드 하나를 정했다면 직접 검색해 보세요. 실제 블로거들이 잡은 제목 키워드를 참고하여 역시나 미쳐 생각하지 못 했던 세부 키워드를 사용할 수 있습니다.

저품질에 걸리는 사람들의 공통적인 행동 패턴

10년 키운 블로그를 한 번에 잃는 경우

저품질 블로그라는 것은 내가 포스팅하던 글들이 상위노출이 잘 됐었는데 어느 날 갑자기 블로그에서 노출이 되지 않는 것을 말합니다. 내가 공들여 쓴 글들이 갑자기 노출되지 않는다면 굉장히 속상한 일입니다. 사실 네이버는 공식적으로 저품질 블로그를 인정하고 있지 않지만, 마케터들이 이런 현상을 비교 분석한 결과 공통적인 행동 패턴을 찾아내었습니다.

- 유사 콘텐츠인 경우
- 특정 키워드를 반복적으로 사용하는 경우
- 동일 IP에서 다수의 ID로 동시 접속하는 경우
- 다수의 IP에서 동일 ID로 동시 접속하는 경우
- 인위적인 조작으로 어뷰징 블로그로 판단되는 경우
- 본문에 외부로 연결되는 링크가 많은 경우
- 불법, 스팸, 성인 등의 키워드를 가이드라인에 맞춰서 사용하지 않는 경우

저품질 블로그가 되는 경우는 '일반적이지 않은 상황'입니다. 이런 일이 반복적으로 일어나지 않도록 조심하면 저품질 블로그가 되는 일은 없습니다.

포스팅 누락여부 확인하는 방법

블로그에서 내 글이 누락되었는지 확인하는 방법에는 여러 가지가 있지만 가장 쉬운 방법을 알려드리겠습니다. 내가 발행한 포스팅의 전체 제목을 가지고 "쌍따옴표"를 이용하여 검색해 보세요.

VIEW 탭에서 정상적으로 반영되어 내 포스팅이 보인다면 누락되지 않은 포스팅입니다. 그러나 제목 전체로 검색했는데도 포스팅이 보이지 않는다면, 작성한지 얼마 되지 않아 반영되기까지 시간이 더 걸리거나, 반영에 미적합한 포스팅으로 누락된 경우입니다.

반영에 미적합한 포스팅은 네이버가 제공한 가이드라인을 참고하여 수정해 주세요. 그러면 시간이 지난 후 재 노출되는 경우가 있습니다.

검색 제한 기준 안내

〈출처 : 네이버 고객센터〉

제목 전체를 쌍따옴표로 검색했는데 내 블로그 누락된 경우 위의 가이드라인에 위반되는 사항이 없는지 확인해 주세요. 만약 위반된 사항이 없다면 네이버 고객센터에 '검색반영'을 요청할 수 있습니다. 검색반영 요청은 내 포스팅이 순수하게 작성했다는 것을 알리는 것입니다.

네이버 검색반영 링크
https://help.naver.com/support/contents/contents.help?serviceNo=23950&categoryNo=23953&lang=ko

배우면서 바로 써먹는
네이버 블로그 실전 Tip

블로그 포스팅 빠르게 쓰는 방법

여러분, 블로그 포스팅 작성하는데 보통 얼마의 시간이 걸리나요? 블로그를 처음 시작하면 포스팅 하나 작성하는데도 몇 시간씩 걸립니다. 분명 사진도 준비했고 오늘 쓸 내용도 다 있는데, 아무리 빨리 써도 2~3시간은 훌쩍 걸리는 것이 보통입니다. 그런데 간혹 주변을 둘러보면 1일 1포스팅, 심지어 1일 3포스팅을 하는 블로거가 보입니다. 이들은 어떻게 매일매일 포스팅을 발행할 수 있을까요? 그것은 바로 예약 발행을 이용하였기 때문입니다.

블로그 고수들이 사용하는 1일 1포스팅 비법, 예약 발행

블로그→글쓰기→발행→예약→원하는 시간 선택　　　　〈출처 : 블로그 발행 탭〉

　네이버가 원하는 것은 매일 글을 쓰는 것입니다. 네이버 플랫폼 안에서 계속 놀기를 원하며 블로그의 목적인 검색자에게 좋은 정보를 전달하는 것이죠. 그래서 많은 사람들이 1일 1포스팅 챌린지에 도전합니다. 1일 1포스팅이 상위노출을 시켜주는 보장은 없지만 많이 써봐야 나의 메인 주제를 찾을 수 있습니다. 그렇지 않으면 내가 무엇을 쓰고 싶은지, 어떤 것을 지속적으로 쓸 수 있는지 알 수 없습니다. 매일 시간을 내서 글쓰기가 힘들다면, 시간이 있을 때 미리 글을 써두고 예약발행을 이용하는 것도 방법입니다.

예약 발행 시 주의할 점

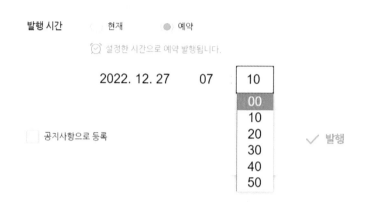

예약 발행 시간은 10분 간격으로 있습니다. 여기서 주의할 점은 매일 똑같은 시간, 똑 같은 분으로 설정하지 마세요. 로봇이 아닌 이상 매일 똑같은 시간에 블로그를 발행한다면 불법 프로그램을 사용하는 줄 알고 오해할 수 있습니다.

예약 발행 확인 및 수정, 삭제 하는 법

본문에 내용을 마무리한 후 예약 발행 버튼을 누르면 내 블로그에는 아무런 변화가 없습니다. 왜냐하면 말 그대로 예약 발행이기 때문에 맞춰 놓은 시간이 되어야 내 포스팅을 볼 수 있습니다. 그런데 그 시간 전에 제대로 썼는지 확인, 수정, 삭제 하고 싶을 때는 어떻게 해야 할까요?

예약 발행 하는 법

　내 블로그에서 다시 '글쓰기'로 들어가세요. 정상적으로 예약 발행을 하였다면 오른쪽 발행 탭 옆에 '예약 발행 개수'가 보입니다. 개수를 클릭하면 현재 예약 발행 되어 있는 글을 확인 할 수 있고 클릭하여 수정, 삭제가 가능합니다. 이미 발행된 포스팅은 다시 예약 발행으로 변경할 수 없습니다.

똥 손도 전문가로 만들어주는 템플릿 마법 효과

네이버는 블로그 포스팅을 좀 더 수월하게 발행할 수 있도록 미리 작성된 19개의 템플릿 전체를 제공합니다. 협찬·리뷰, 여행, 지식·정보, 일기, 레시피, 영화, 서평, 육아 등 블로그에서 가장 많이 사용되는 주제들로 만들어져 있으며, 글과 사진을 포함한 완성된 문서 전체가 제공됩니다.

추천 템플릿

블로그→글쓰기→우측 상단 '템플릿'→추천 템플릿

블로그를 처음 시작하거나 어떻게 꾸며야 할지 감이 오지 않으면 먼저 추천 템플릿을 이용해 보세요. 추천 템플릿을 이용하면 나의 이야기로 바꿔 사용하거나 내 취향에 맞게 재 편집하여 더욱 빠르고 쉽게 글을 작성할 수 있습니다.

부분 템플릿

전체 문서로 제공되는 전체 템플릿 외에 문서의 일부분을 제공해 주어 작성중인 글에 부분적으로 추가할 수 있도록 도와주는 부분 템플릿도 있습니다.

블로그→글쓰기→우측 상단 '템플릿'→부분 템플릿

사용방법은 원하는 위치에 커서를 둔 뒤, 사용할 템플릿을 클릭하거나 끌어와 놓는 방식으로 사용할 수 있습니다.

내 템플릿

블로그를 사업적으로 운영하든 일상블로그로 운영하든 사실 내가 쓰는 포스팅은 거의 비슷한 패턴을 보입니다. 어차피 비슷한 패턴으로 발행하기 때문에 내가 자주 쓰는 패턴을 템플릿으로 저장하고 언제든지 다시 불러와서 사용할 수 있는 기능입니다.

내 템플릿을 이용하면 통일성 있는 깔끔한 포스팅이 가능합니다. 현재 작성 중인 포스팅을 내 템플릿으로 저장할 수 있습니다.

블로그→글쓰기→우측 상단 '템플릿'→내 템플릿

사내 템플릿 저장 방법은 오른쪽 패널에서 '내 템플릿' 메뉴를 클릭합니다. 상단의 '+현재 글 추가' 버튼을 클릭하면 현재 작성 중인 글이 내 템플릿으로 저장됩니다. 내 템플릿의 사용 방법은 추천 템플릿과 같습니다.

이미 만들어진 추천 템플릿, 부분 템플릿, 내 템플릿을 이용하여 포스팅을 더욱 빠르고 쉽게 작성할 수 있습니다. .

스마트폰에 저장된 이미지 1초만에 PC로 옮기는 방법

여러분은 PC에서 블로그 포스팅을 작성할 때 스마트폰에 저장된 이미지를 어떻게 불러오시나요? 보통은 카카오톡 PC버전이나 이메일을 통해서 이미지를 전송하고 다시 내 문서에 저장하여 불러오는 방법을 선택합니다. 그러나 이때 좀 더 빠르게 이미지를 가져오는 방법이 있습니다.

블로그 앱→글쓰기→카메라 앨범→이미지 선택→저장

스마트폰에 저장된 이미지를 PC로 1초 만에 불러올 수 있는 간단한 방법입니다. 블로그 앱을 열어 가운데 글쓰기를 클릭해 주세요. 카메라를 클릭하여 이미지를 불러온 후 저장을 눌러줍니다.

블로그→글쓰기→저장 개수 클릭→임시저장 글 클릭

PC로 돌아와 글쓰기를 누른 후 오른쪽 상단 발행 탭 옆에 저장 개수를 클릭합니다. 그러면 임시저장 글에 방금 저장한 글이 보입니다. 클릭해 주세요. 저장한 이미지가 불려옵니다.

제목

이 방법을 이용하면 번거롭게 카카오톡이나 이메일로 이미지를 옮겨 다시 저장할 필요가 없습니다.

저작권이 없는 무료 이미지 사이트 활용하기

내가 직접 찍은 이미지, 내가 직접 찍은 동영상이 가장 좋지만 늘 준비되어 있기는 쉽지 않습니다. 내가 직접 찍은 이미지와 동영상은 아니지만 필요할 때 쉽게 이용할 수 있는 저작권이 없는 무료 사이트가 있습니다. 무료인데 심지어 퀄리티도 높아 블로그뿐만 아니라 상세페이지, 홈페이지형 스킨을 제작할 때에도 많이 이용합니다.

- ■ **픽사베이** https://pixabay.com
- ■ **언스플레쉬** https://unsplash.com **(영어 검색)**
- ■ **픽셀스** https://www.pexels.com/ko-kr
- ■ **프리픽** https://www.freepik.com

〈출처 : 픽사베이〉

〈출처 : 언스플래쉬〉

〈출처 : 픽셀스〉

〈출처 : 프리픽〉

더 빠르게 블로그내 이미지 활용하기

저작권이 없는 무료 사이트에서 손 쉽게 이미지를 사용할 수 있었습니다. 그러나 이렇게 사이트에 들어가지 않아도 블로그 자체 내에서 더 빠르게 이용할 수 있는 방법이 있습니다.

오른쪽 상단의 글감을 누르고 원하는 이미지를 키워드로 검색합니다. 사진을 클릭하면 네이버에서 자동으로 픽사베이, 언스플래쉬에 있는 사진을 불러올 수 있도록 연동해 놓은 것을 볼 수 있습니다. 내가 직접 찍은 사진이 없는 경우 이렇게 블로그 내에서 바로 다른 사진을 이용할 수도 있습니다.

그러나 중요한 것은 이러한 사진을 우리만 이용하는 것이 아니라는 겁니다. 네이버는 유사 콘텐츠에 해당 하는 같은 사진, 같은 글을 가장 싫어합니다. 무료 이미지 사이트도 결국은 유사 콘텐츠에 해당되므로 직접 찍는 연습을 해야 합니다.

PC로 글을 쓰지만 모바일 버전까지 한 번에 확인하기

    지금은 모바일 전성시대입니다. 우리는 PC로 글을 쓰지만 대부분의 독자들은 모바일로 글을 읽습니다. 그런데 모바일로 들어가 보면 줄 간격이 맞지 않고 내가 원하는 호흡으로 읽히지 않을 때가 있습니다. 이럴 때 PC와 모바일 버전을 확인하여 글을 쓰는 방법이 있습니다.

    오른쪽 하단의 모니터를 한 번 클릭할 때마다 PC버전, 태블릿 버전, 모바일 버전으로 바뀌는 것을 확인할 수 있습니다. 태블릿 버전까지는 확인할 필요가 없습니다. PC로 글을 쓴 후 마지막에 모바일 버전을 확인하여 어떤 버전에서 읽든 잘 읽히는 글로 만들어주세요. 우리는 PC로 글을 작성하지만 대부분의 독자들은 모바일로 내 글을 읽기 때문입니다.

블로그 글감(소재) 찾는 5가지 방법

앞서 네이버 알고리즘을 배우며 씨랭크(C-rank)로직에서는 한 가지 주제를 꾸준히 사용하는 것이 좋다고 말씀드렸습니다. 그러나 현실적으로 쉽지 않은 일입니다. 당장 몇 개의 글감(소재)은 뽑을 수 있어도 나와 내 사업에 관련된 주제로 100개, 1,000개의 글을 꾸준히 발행하는 것은 굉장히 어려운 일입니다. 이럴 때 조금 더 쉽게 블로그 글감(소재)을 찾는 방법을 알려드리겠습니다.

1) 네이버 지식인

네이버가 국내에서 최대 포털사이트로 발전하기까지 가장 큰 공로를 세운 것이 지식인입니다. 사람들은 궁금한 것을 지식인에 질문합니다. 그리고 누군가 대답하는 형식으로 되어 있죠. 사람들이 내 사업과 관련하여 무엇을 궁금해하는지 대표 키워드로 검색해 보세요. 거기서 나온 질문들이 바로 내 블로그에 쓸 글감이 됩니다. 나의 경험과 노하우로 알려줄 수 있는 질문들은 잘 정리하여 리스트를 만들고 내 블로그에 차곡차곡 정보글로 작성합니다.

2) 책의 목차

책의 목차는 우리가 가장 궁금해하는 것들로 이루어져 있습니다. 내 사업과 관련된 책을 검색하여 목차를 보고 내가 줄 수 있는 정보들을 가져오세요. 책을 직접 구매하지 않아도 인터넷에서 확인할 수 있어 비교적 쉽게 글감을 찾을 수 있습니다.

3) 블로그 벤치마킹

블로그 차트를 이용하거나 블로그 탭에서 내 주제와 관련된 블로그를 벤치마킹하여 내가 미쳐 생각하지 못했던 글감을 찾을 수도 있습니다.

4) 네이버 카페 벤치마킹

블로그뿐만 아니라 네이버 카페도 벤치마킹하여 글감을 찾을 수 있습니다. 내 사업과 관련된 카페는 분명히 있습니다. 카페에 가입하여 주로 어떤 질문들이 오가는지, 카페에서 운영하고 있는 Q&A 게시판도 확인해보세요.

5) 오늘 검색한 키워드

우리는 무언가가 궁금하면 네이버, 구글, 다음에서 키워드로 검색합니다. 그리고 다른 사람이 적은 글을 보며 정보를 얻습니다. 그것을 역 이용하여 글감으로 이용할 수 있습니다. 여러분이 검색했던 키워드와 정보를 정리하여 내 블로그에 정보성 포스팅으로 작성할 수 있습니다.

Part3. [인스타그램] 지금 가장 핫한 인스타그램 마케팅
인스타그램 마케팅은 더 이상 선택이 아닌 필수

- 인스타그램 계정 유형 선택하기
- 가장 먼저 시작하기 좋은 계정
- 지속할 수 있는 콘텐츠 찾기
- 비즈니스 성공을 돕는 3종 세트
- 전략적으로 프로필 세팅하기
- 벤치마킹은 무언가를 시작할 때 최고의 전략
- 이제는 실전, 인스타그램 시작하기
- 인스타그램 메인 기능 5가지
- 인스타그램 게시물 업로드하기
- 인스타그램 운영 노하우
- 좋아요와 팔로워를 늘리는 방법

지금 가장 핫한
인스타그램 마케팅

인스타그램 지금 당장 해야 하는 이유

　질문 하나 드려보겠습니다. 여러분은 인스타그램을 주로 언제 하나요? 지금 당장 인스타그램을 왜 해야 하는지 말하기 전에 여러분은 보통 인스타그램을 언제 하는지 물어보겠습니다. 내가 직접적으로 운영하고 있지 않은 경우는 다른 사람의 인스타그램을 주로 언제 들어가서 보는지 생각해 보세요.

당신은 하루에 스마트폰을 몇 번 보았는지 셀 수 없다!

이것이 우리가 지금 당장 인스타그램을 해야 하는 첫 번째 이유입니다. 우리는 하루에 스마트폰을 몇 번 보았는지 셀 수 없습니다. 아침에 눈을 뜨자마자, 출/퇴근 지하철 안에서, 버스 안에서, 친구를 기다리다가, 밥을 먹을 때도, 신호등을 건너다가, 화장실에서도 …

출/퇴근 지하철/버스 안에서…
친구를 기다리다가…
신호등을 건너면서…
학원에서…
카페에서…

인스타그램은 지금 가장 핫한 SNS플랫폼입니다. 인지도 있는 브랜드를 보면 홈페이지는 없어도 인스타그램 계정은 있습니다. 사업을 시작하거나 퍼스널 브랜딩이 필요한 분들이라면 고객과 소통하기 위한 첫 단계로 인스타그램은 필수입니다.

인스타그램은 쉽고 간단하다!

　　인스타그램을 해야 하는 두 번째 이유는 쉽고 간단하기 때문입니다. 인스타그램은 블로그, 유튜브와 다르게 품이 가장 적게 들어가는 플랫폼입니다. 블로그처럼 글을 쓰는데 2~3시간씩 걸리거나 유튜브처럼 영상을 기획, 제작, 편집하는 시간이 필요 없습니다. 오로지 한 장의 이미지와 해시태그만 있다면 1분 만에도 업로드가 가능합니다. 내 사업의 메인 채널이 꼭 블로그일 필요는 없습니다 만약 글을 쓰는 것이 부담스럽고 시간을 내기가 어렵다면 인스타그램부터 작게 시작해 보는 것을 추천드립니다.

호날두, 인스타그램 1년 수업 482억 원!

머니투데이

많이본뉴스   영상   실시간급상승   이슈+

퀴즈풀고 보상받자
브이스탁 즉시보상

호날두, 40초 샤워 영상 67만명 봤다...SNS 광고수입 年 '482억원'

머니투데이 김춘지 기자

8:56   cristiano   LIVE   663 k

이날 호날두는 수영복 차림으로 탄탄한 복근과 허벅지 근육을 자랑했다. 샤워를 마친 후엔 카메라를 향해 엄지를 치켜세우고 손키스를 날리는 등 팬서비스까지 선보였다.

현재 호날두의 인스타그램 팔로워 수는 2일 기준 4억 800만명이다. 전 세계에서 그보다 팔로워가 많은 사람은 없다. 영원한 라이벌 리오넬 메시보다도 1억명이 더 많다.

이에 대해 호날두는 "정말 놀랍다. 팬들이 없었다면 달성할 수 없었다"며 "앞으로도 내 삶을 팬들과 공유하겠다"고 소감을 말했다.

이로 인해 호날두는 엄청난 부가 수입도 벌어들이고 있다. 현지 언론에 따르면 호날두는 지난해 인스타그램 광고 수입으로만 4000만 달러(약 482억원)를 벌어들였다.

한편, 지난해 8월 호날두는 13년 만에 맨체스터 유나이티드로 복귀했다. 당시 팬들은 "소년이 전설이 돼 돌아왔다"며 그를 반겼다. 복귀하자마자 유니폼 판매도 축구계에서 신기록을 세웠다. 12시간 만에 3250만 파운드(약 522억 원) 수익을 올렸다.

TOP

　　2022년 3월 1일, 크리스티아누 호날두가 자신의 인스타그램 라이브 방송을 통해 샤워하는 모습을 공개했습니다. 이 영상은 40초밖에 되지 않는 짧은 영상이었지만 순식간에 인스타그램 이용자 67만여 명이 모였습니다. 호날두의 인스타그램 팔로워 수는 2022년 기준 약 4억 800만 명으로 전 세계에서 1위입니다. 2020년에는 그의 연봉보다 인스타그램 수입이 200억 원 더 많다고 화제가 되기도 했습니다. 호날두가 이런 수입이 가능했던 이유는 찐 팬, 일명 슈퍼 팬들이 있었기 때문이죠. 인스타그램을 통해 당장의 수익화를 만들 수는 없지만 여러분 만의 슈퍼 팬을 만들 수는 있습니다. 슈퍼 팬이 생긴다면 수입은 덩달아 따라올 것입니다.

인스타그램 계정 유형 선택하기

인스타그램 계정에는 크게 3가지로 구분할 수 있습니다. 개인의 일상을 공유하는 일상 계정, 가치를 전달하는 콘텐츠 계정, 개인이나 기업에서 운영하는 브랜드 계정입니다. 각 계정은 운영하는 방법에도 차이가 있습니다. 어떤 부분을 신경 써야 하는지 각 계정의 특징과 처음 시작할 때는 어떤 계정이 좋을지 알아보도록 하겠습니다.

일상 계정, 그 사람의 일상이 닮고 싶은 계정인가?

인스타그램을 처음 시작하는 분들이 가장 먼저 접하는 계정이 일상 계정입니다. 특별히 콘텐츠를 기획하지 않아도 일상 그 자체를 담을 수 있어 비교적 쉽게 생각합니다. 그러나 일상 계정을 단순히 나의 일상을 공유하는 일기장으로 운영하는 것이 아니라면, 장기적으로 운영할 때는 다음을 고려해 보아야 합니다. 내 일상을 닮고 싶을 만큼의 계정인가?

누군가 내 피드를 보고 부럽고, 멋지고, 닮고 싶을 만큼의 계정으로 보이는지를 생각해 봐야 합니다. 연예인, 셀럽, 인플루언서의 인스타그램을 보면 어떤가요? 조금은 특별한 그들만의 일상이 닮고 싶지 않은가요?

아무 생각 없이 공유되는 일상은 아무도 관심이 없습니다. 결국 나만 보는 일기장이 되어버립니다. 그러니 나의 일상을 공유하더라도 목적이 있게, 내 일상의 어떤 부분을 사람들과 공유하고 싶은지 뚜렷하게 나타내야 합니다. 내 주제가 뾰족하게 드러날수록 사람들은 관심을 보이고 더 많은 팔로워를 얻을 수 있습니다.

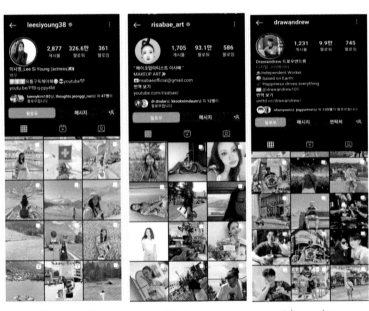

@leesiyoung38   @risabae_art   @drawandrew

콘텐츠 계정, 팔로우를 할 만큼 가치가 있는 계정인가?

콘텐츠 계정은 사람들이 필요로 하는 가치를 카드 뉴스, 만화, 인포그래픽 등 여러 가지 형태로 제작하여 올리는 계정입니다. 콘텐츠 계정에서 가장 중요한 것은 '이 콘텐츠가 사람들에게 팔로우를 할 만큼 유용한 가치를 전달하고 있는가'입니다.

@un_ni_tip 살아본 언니의 유익한 꿀팁
@3woosil 직장생활의 사이다를 날려주는 만화
@yo_ongeul 마음을 보듬어주는 감동글

■ 나의 콘텐츠는 유익한 정보를 전달하는 콘텐츠인가?
■ 나의 콘텐츠는 웃음과 재미를 전달하는 콘텐츠인가?
■ 나의 콘텐츠는 감동과 힐링을 전달하는 콘텐츠인가?

그 가치가 유익한 정보이든, 웃음과 재미이든, 감동과 힐링이든 어떠한 형태로든 전달할 수 있어야 합니다. 만약 어떠한 가치도 전달할 수 없다면 팔로워도 좋아요도 댓글의 지속성도 생길 수 없습니다.

브랜드 계정: 이 브랜드의 슈퍼 팬이 되고 싶은 계정인가?

브랜드 계정은 말 그대로 개인이나 기업에서 운영하는 브랜드 계정입니다. 인스타그램을 당장 해야 하는 이유 중에 인지도 있는 브랜드를 보면 홈페이지는 없어도 인스타그램 계정은 있다고 말씀드렸습니다. 그만큼 사업을 운영하고 있다면 인스타그램은 필수 플랫폼입니다. 그러면 브랜드 계정은 장기적으로 어떤 목표를 가지고 운영해야 할까요?

@gongcha.official @binggreakorea @nike

　인스타그램은 관심사와 취향을 바탕으로 관계가 형성되는 채널입니다. 따라서 어떤 아이템으로 사업을 운영하고 있든 내 브랜드의 콘셉트가 명확하게 드러나야 합니다. 그래야 관심사와 취향이 비슷한 사람들이 모여 나의 팬이 됩니다. 하지만 콘셉트만 드러나서는 성공할 수 없습니다.

　브랜드 계정에서 가장 중요한 것은 내 사업을 성공으로 만들어줄 팬 이상의 슈퍼 팬이 필요하다는 겁니다. 내가 올리는 콘텐츠마다 반응하고 좋아해 줄 슈퍼 팬을 만들려면 무엇이 필요한지 꾸준히 고민해야 합니다.

일상 계정 Vs. 콘텐츠 계정 Vs. 브랜드 계정

일상 계정	그 사람의 일상이 닮고 싶은 계정인가? 누군가 내 피드를 보고 부럽고, 멋지고, 닮고 싶을 만큼의 계정으로 보이는가?
콘텐츠 계정	팔로우를 할 만큼 가치가 있는 계정인가? 나의 콘텐츠는 유익한 정보를 전달하는 콘텐츠인가? 나의 콘텐츠는 웃음과 재미를 전달하는 콘텐츠인가? 나의 콘텐츠는 감동과 힐링을 전달하는 콘텐츠인가?
브랜드 계정	이 브랜드의 슈퍼 팬이 되고 싶은 계정인가? 내가 올리는 콘텐츠마다 반응하고 좋아해 줄 슈퍼 팬을 만들 수 있는가?

가장 먼저 시작하기 좋은 계정

앞서 일상 계정, 콘텐츠 계정, 브랜드 계정을 살펴보았습니다. 여러분은 어떤 계정으로 먼저 시작하고 싶은가요? 계정은 중간에 변경될 수도 있습니다. 그러니 한계를 두고 설정하지 마세요. 다만 계정을 선택할 때 생각해야 할 것은 '**내가 얼마나 이 콘텐츠를 꾸준하게 만들어낼 수 있느냐**'입니다. 그런 면에서 많은 분들이 일상 계정으로 부담 없이 시작하길 원합니다. 그러나 누군가가 부러워하고 닮고 싶은 피드를 만들기란 쉽지 않습니다.

처음의 시작은 내가 좋아하고 잘하는 것 위주로 일상 계정과 콘텐츠 계정을 함께 시작해보세요. 독서를 좋아한다면 열심히 독서하는 모습을 편하게 올리면서도 독서와 관련된 나만의 노하우를 콘텐츠로 만들어 사람들에게 전달할 수 있습니다. 운동을 좋아한다면 운동하는 모습을 올리면서도 식단 관리, 운동 루틴 법 등 운동과 관련된 나만의 노하우를 전달할 수 있습니다.

@독서스타그램   @운동스타그램   @육아스타그램

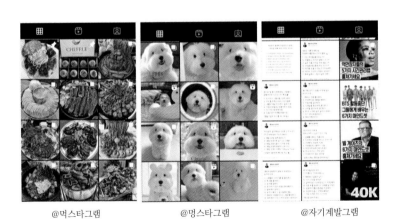

@먹스타그램   @멍스타그램   @자기계발그램

지속할 수 있는 콘텐츠 찾기

앞서 어떤 계정으로 시작하더라도 가장 중요한 것은 '지속적으로 생산이 가능한 콘텐츠인가'였습니다. 지금의 트렌드에 딱 맞는 콘셉트를 정했다 하더라도 내가 관심이 없는 분야라면 노력만으로는 꾸준히 생산할 수 없습니다. 지속적인 콘텐츠를 생산하기 위해서는 내가 오랫동안 해왔던 나의 직업, 내가 좋아하는 취미나 특기, 내가 주로 시간과 에너지를 쓰는 것들을 찾아 거기서부터 시작하는 것을 추천드립니다.

다음은 지속적인 콘텐츠 생산을 위해 스스로에게 던지는 질문입니다. 무작정 인스타그램을 시작하지 마세요. 노트를 펼치고 다음 질문에 대한 답을 스스로 찾아보길 바랍니다.

인스타그램 시작 전, 스스로에게 던지는 질문

열정 PART	내가 요즘 돈을 들여 하는 일은 무엇인가?
	내가 요즘 시간과 에너지를 쏟으면서 하는 일은 무엇인가?
관심사 PART	나는 주로 어떤 글 또는 책을 읽는가?
	나는 주로 어떤 글 또는 책을 쓰는가?
강점 PART	주변에서 나에게 자주 물어보는 질문은 무엇인가?
	주변에서 나에게 자주 잘한다고 하는 것은 무엇인가?

여러분의 돈과 시간, 에너지를 투입해서 관심 있게 하는 일이 무엇인지 생각해 보세요. 그것은 운동이나 여행이 될 수도 있고, 맛집을 찾아다니거나 자동차 동호회에서 시간을 보내는 것일 수도 있습니다. 저의 경우 자기계발에 관심이 많아 독서와 강의를 듣는 것에 가장 많은 시간과 에너지를 쏟고 있습니다. 그래서 저는 자기계발 콘텐츠로 시작하여 제 일상도 공유하고 관련하여 사람들에게 도움이 될 만한 SNS 콘텐츠도 전달하고 있습니다.

또한 주변의 친구나 가까운 지인이 여러분에게 자주 물어보고 조언을 구하는 일들은 무엇인가요? 유독 부러워하고 잘한다고 하는 것은 무엇인가요? 누구에게나 잘하는 것이 반드시 하나씩은 있습니다. 대게 그런 것들은 내 직업과 관련된 것이거나 오랫동안 관심 있게 해온 일일 가능성이 높습니다. 주변에서 나에게 관련하여 자주 질문하는 내용이 있다면 그것도 지속적으로 생산할 수 있는 콘텐츠가 될 수 있습니다.

콘텐츠 계정으로 운영 시 어떤 형태로든 가치를 전달해야 한다고 말씀드렸습니다. 내가 찾은 콘텐츠가 다음의 어떤 가치에 속하는지 확인해 보세요.

저장과 공유를 부르는 콘텐츠

나의 콘텐츠가 나만 알고 있는 노하우나 유익한 정보를 전달하고 있다면 사람들은 저장을 하고 반복적으로 따라 할 것입니다. 또한 도움이 되는 정보라면 친구를 태그하여 콘텐츠를 공유하고 확산시킬 것입니다.

좋아요와 팔로우를 부르는 콘텐츠

나의 콘텐츠가 웃음과 재미를 충족시키고 있다면 사람들은 좋아요를 눌러줄 것입니다. 이 콘텐츠가 매력적일수록 팔로우를 신청하여 지속적으로 보기를 원합니다.

댓글과 소통을 부르는 콘텐츠

나의 콘텐츠가 감동을 주고 힐링이 된다면 사람들은 내 글에 공감하여 댓글을 달아줄 것입니다. 공감이 가는 특정 주제일수록 사람들은 더 깊은 소통을 이어 나갑니다.

콘텐츠 종류	콘텐츠 내용	해시태그 예시
저장과 공유를 부르는 콘텐츠	생활 꿀팁 맛집 정보 제품 후기 교육 정보 등	#유용한자소서작성팁 #알아두면좋은와이파이비번 #살안찌는다이어트간식 #이것만알면영어끝1000문장
좋아요와 팔로우를 부르는 콘텐츠	MBTI, 심리테스트, 만화, 패러디 등	#집에서노는60가지방법 #상사카톡씹으면벌어지는일 #직장인되면생기는병 #MBTI공감짤 #연봉협상이아니라연봉협박
댓글과 소통을 부르는 콘텐츠	감성사진, 힐링글, 감동글, 위로글 등	#감동글귀 #감동글스타그램 #시골힐링 #그림책

이렇듯 무작정 시작하는 것이 아닌 내가 좋아하고 잘하는 것들을 먼저 찾아보세요. 그리고 한 달 정도는 꾸준히 콘텐츠를 만들어 올려보세요. 올리다 보면 사람들의 반응도 살피면서 내가 어떤 콘텐츠를 지속적으로 만들어 낼 수 있는지 알 수 있습니다.

비즈니스 성공을 돕는 3종 세트

　내가 좋아하고 잘하는 것으로 콘텐츠를 잘 찾았다 하더라도 이 3가지가 없다면 비즈니스의 성공은 꿈꿀 수 없습니다. 바로 일관성, 지속성 그리고 반복성입니다.

1)　일관성을 유지해라

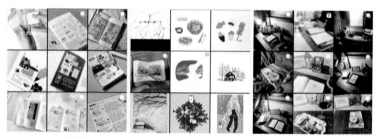

#다이어리꾸미기　　　　　#1일1그림　　　　　#자기계발그램

　인스타그램 역시 네이버처럼 내가 하려는 콘셉트가 명확해야 합니다. 지금 여러분의 인스타그램 피드를 둘러보세요. 콘셉트가 불명확하고, 다루려는 콘텐츠 주제가 세 가지 이상을 넘어가면 무엇을 하는 계정인지 알 수 없습니다. 조잡하고 일관성이 없어 보여 팔로우 신청을 오히려 안 하게 됩니다.

요즘은 한 가지 이상의 재능을 가진 분들이 많습니다. 온, 오프라인을 막론하고 정보와 강의들이 쏟아져 배움의 길이 많기 때문입니다. 단군이래 가장 학습하기 좋은 시대라고도 불리죠. 그러다 보니 '저는 다이어리 꾸미기에도 관심이 있고, 그림 그리는 것도 좋아하고, 독서를 하는 것도 좋아합니다. 모든 걸 다 하고 싶어요' 하면서 하고 싶은 콘텐츠를 모두 다 담는 경우가 있습니다. 그러나 이런 경우 위에서 말씀드렸듯이 컨셉이 불명확해지고 조잡해 보일 수 있습니다. 하고 싶은 콘텐츠가 여러 개라면 계정을 나누는 방법을 추천드립니다. 인스타그램 계정은 최대 5개까지 만들 수 있어 부계정으로도 많은 분들이 이용하고 있습니다.

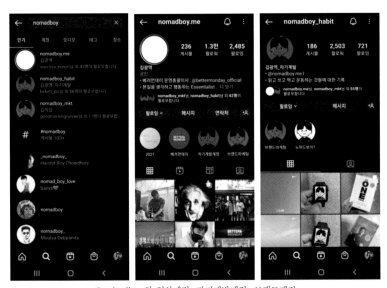

@nobadboy의 일상계정, 자기계발계정, 브랜드계정

2) 지속적으로 업로드해라

#1일1카페   #1일1식   #1일1산책

지속적' 단어의 사전적 의미는 어떤 상태가 '오래 계속되는 것'을 말합니다. 어떤 상태를 오래 계속하려면 거기에 확신을 갖고 흔들림 없이 해야 가능합니다. 그러려면 해봐야 알 수 있습니다. 인스타그램을 시작한 초반에는 1일 1그램을 유지해 보세요. 그래야 이 콘셉트를 계속 이어갈지 말지 스스로 확신을 가질 수 있습니다.

3) 남은 것은 빈도와 반복이다

인스타그램은 블로그, 유튜브와 다르게 글을 쓰는 것만 봤을 땐 품이 가장 적게 들어가는 플랫폼입니다. 만약 하루에 단 30분도 시간을 내서 인스타그램을 운영할 수 없다면 그 어떤 다른 플랫폼도 시작할 수 없습니다. 이것은 비단 SNS만 해당하는 이야기가 아닙니다. 모든 일에는 꾸준함, 지속성이 필요하기 때문입니다.

전략적으로 프로필 세팅하기

프로필에는 이름(닉네임), 사용자 이름(계정 ID), 웹사이트(링크), 소개글(바이오)이 보입니다. 이 프로필은 나를 보러 온 사람들에게 처음 형성되는 이미지 즉 첫인상의 역할을 합니다. 만약 첫인상에서 나와 관심사가 비슷하고 독특한 매력을 느낀다면 이 사람에 대해 더 알아가고 싶을 겁니다. 이 부분을 이용하여 프로필을 전략적으로 세팅한다면 자연스러운 노출로 매력을 어필할 수 있습니다.

1) 프로필 사진으로 첫인상 호감도 높이기

프로필 사진은 인스타그램의 얼굴이라고 불릴 정도로 굉장히 중요합니다. 아무리 콘텐츠가 좋아도 프로필 사진이 텅 비어 있다면 그 사람을 선뜻 팔로우하고 싶지 않아집니다. 그럼 프로필 사진은 어떤 걸로 해야 첫인상에서 호감도를 높일 수 있을까요?

얼굴이 나온 사진

내 얼굴이 나온 사진은 상대방에게 가장 높은 신뢰도를 줍니다. 왜냐하면 얼굴을 공개하는 것만으로도 마음먹고 나쁜 짓은 안 하겠다는 뜻이니까요.

우리가 모두 알고 있는 신사임당님이나 김미경학장님이 그렇게 얼굴을 다 공개해 놓고 나쁜 행동을 할 수 있을까요? 만약 첫인상에서 신뢰감을 주고 싶다면 얼굴이 나온 사진으로 프로필을 설정해 보세요.

@mikyungkim_kr   @drwaandrew101   @jachung_

브랜드 로고 사진

그러나 얼굴을 공개하는 것에 익숙하지 않고 준비되지 않은 분들이 있습니다. 그런 분들은 자신만의 브랜드 로고를 만들어 프로필 사진으로 설정할 수 있습니다. 그리고 만든 로고는 프로필 사진뿐만 아니라 올리는 콘텐츠에도 자주 보여주세요. 어느 순간 그 로고만 봐도 여러분이 떠오를 수 있도록 말입니다.

@bigfish_book   @0202lovely   @excollectshop

아예 튀는 사진

내 얼굴이 나온 사진도 없고, 브랜드 로고도 만들기가 어렵다면, 내가 하려는 콘셉트에 맞추어 아예 확 튀는 사진도 좋습니다. 프로필 사진을 넣는 이유가 나를 기억하고 나의 브랜드를 기억하기 위함이니까요.

@choi_ffeel   @passion_officially   @gi.g.gae

'반갑습니다'라는 문구만 보면 생각나는 @최필님
활활 타오르는 불꽃의 이미지로 열정을 나타내는 @열정님
군더더기 없이 닉네임과 프로필을 심플하게 맞춘 @기지개님

2) 사용자 주소만 봐도 누군지 각인시키기

사용자 주소는 인스타그램 영문 주소입니다. 인스타그램을 처음 가입할 때 만드는 계정 ID가 사용자 주소입니다. 영문과 숫자, 마침표(.), 언더바(_)의 조합으로 만들 수 있습니다. 보통 계정 ID를 만들 때 이전에 사용했던 ID로 대충 만드는 경향이 있습니다. 그런데 이 계정 ID가 인스타그램에서는 굉장히 중요합니다. 왜냐하면 인스타그램은 콘텐츠를 보여줄 때 늘 계정 ID와 함께 보여주기 때문입니다.

| 홈 탭 | 탐색 탭 | 릴스 탭 | 쇼핑 탭 |

저의 인스타그램 계정 ID는 up_grade_girl입니다. 이것이 저의 인스타그램 영문 주소이죠. 제가 콘텐츠를 올리면 상단에 제 계정 ID가 늘 함께 붙어 있습니다. 그래서 저를 언급할 때도 브랜드 닉 네임인 '웁쯔'보다 '업그레이드 걸'이라는 수식어로 부릅니다.

여러분도 인스타그램 계정 ID를 만들 때 대충 만드는 것이 아니라 이런 부분을 고민해서 만들어야 합니다. 부르기 쉽거나, ID가 독특해서 기억하기 쉬운 것으로 만들어 주면 좋습니다.

3) 사용자 이름만으로 방문자 수 증가시키기

사용자 주소가 계정 ID라면 사용자 이름은 프로필 이름입니다. 이것은 닉네임이라고도 부르죠. 한글 또는 영문, 이모티콘의 조합으로 만들 수 있습니다. 프로필 이름이 중요한 이유는 인스타그램의 방문을 증가시키는 직접적인 원인이 되기 때문입니다.

프로필 이름을 설정할 때 사업을 운영하는 분들은 대부분 '브랜드명'으로 설정합니다. 제가 종로에서 '웁쯔카페'를 운영하고 있다고 가정하면 저는 인스타그램 프로필 이름에 '웁쯔카페'라고 설정할 것입니다. 그러나 여기에 문제점이 있습니다.

이 브랜드명, 즉 읍쯔카페를 아는 사람이 별로 없다는 것이죠. 카페 사장인 저, 저의 가족, 저의 지인들 밖에는 없습니다. 그럼 이게 왜 문제가 될까요?

인스타그램에는 탐색 탭이 있습니다. 키워드로 검색하는 탭이죠. 사람들은 그곳에서 자신이 궁금한 키워드로 검색을 합니다. 만약 읍쯔카페를 검색하면 제 프로필이 보입니다. 그러나 읍쯔카페를 검색할 사람은 저와 제 가족, 제 지인들뿐이라는 거죠. 이것이 문제입니다.

이때 읍쯔카페만 넣지 않고 검색량이 많은 대표 키워드와 함께 넣는다면 어떻게 될까요?

'종로카페 웁쯔'

탐색 탭에서 키워드로 검색하면 프로필 이름이 조회되는 것을 확인할 수 있습니다. 프로필 영역은 검색이 되는 영역입니다. 검색량이 낮은 것보다 높은 키워드를 사용해야 합니다. 단순히 브랜드명인 웁쯔카페만 넣는 것이 아니라 종로처럼 검색량이 높은 대표 키워드를 함께 넣어야 합니다. 그러나 프로필 이름에 대표 키워드를 넣었다고 해서 무조건 노출이 되는 것은 아닙니다. 대표 키워드는 검색량이 높은 만큼 인기가 있어 경쟁이 치열합니다. 뿐만 아니라 관심사, 알고리즘에 따라 같은 키워드를 검색해도 다르게 보일 수 있습니다. 그러나 우리는 작은 확률일지라도 가져가야 합니다.

프로필 이름 역시 나를 기억하기 위해 만드는 것이므로 잦은 변경은 브랜딩으로 이어질 수 없습니다. 인스타그램에서 이름을 변경할 수 있는 횟수는 14일에 두 번이므로 신중히 고민해서 만들어 보세요.

4) 팔로워를 증가시키는 소개글 작성하기

소개글은 내 계정이 어떤 계정인지 소개하는 부분입니다. 비즈니스를 운영하는 분들은 내가 제공하는 상품이나 서비스를 알립니다. 더불어 사업장 주소, 연락처, 휴일까지 남겨놓으면 한눈에 알아볼 수 있어 좋습니다. 비즈니스를 운영하지 않더라도 이 계정이 줄 수 있는 가치를 알려주는 것이 좋습니다.

소개글에 인스타그램을 운영하는 콘셉트가 구체적으로 드러날수록 찐 팔로워를 만들 수 있습니다. 찐 팔로워란, 나와 관심사가 비슷하여 내가 올리는 콘텐츠마다 좋아요와 댓글을 달아주며 찐으로 소통하는 팔로워입니다. 나에게 관심 없는 사람은 소개글을 보고 그냥 지나쳐 갈 것입니다. 그런 팔로워는 장기적으로 봤을 때 오히려 나에게 도움이 되지 않는 팔로워이므로 중요하지 않습니다. 소개글에 내가 제공할 수 있는 가치를 구체적으로 작성하여 나에게 관심이 있는 찐 팔로워를 만들어가야 합니다.

소개글에 계정태그, 해시태그 사용

소개글에는 계정을 연결하는 @계정태그와 #해시태그를 사용하여 검색유입을 증가시킬 수 있습니다. 앞서 콘셉트가 여러 개인 경우 부 계정을 이용하라고 말씀드렸는데, 메인 계정과 부 계정을 연결해 놓으면 어느 쪽이든 한 쪽에 관심이 있는 사람은 두 계정 모두 팔로우를 누르고 소통을 이어 갈 가능성이 높습니다.

전략적으로 프로필 세팅하기

■ **인스타그램 주소**
영문+숫자+언더바
최대한 기억하기 쉬운 계정 ID

■ **프로필 사진**
신뢰를 주는 얼굴, 브랜드 로고, 튀
는 사진

■ **프로필 이름**
나를 대표하는 키워드 + 닉네임

■ **계정 소개 (바이오)**
계정에 대한 자세한 소개

■ **웹 사이트 (단 하나의 외부 사이트)**
링크트리를 이용하여 확장

벤치마킹은 무언가를 시작할 때 최고의 전략

처음은 모든 것이 낯설고 어렵습니다. 만약 여전히 이해하기가 어렵다면 이럴 때 가장 좋은 방법이 있습니다. 이미 잘 하고 있는 계정을 찾아 벤치마킹을 하는 것입니다. 벤치마킹은 무언가를 시작할 때 최고의 전략입니다. 내 계정과 비슷한 계정을 찾아 장점은 흡수하고 단점은 보완할 수 있도록 배워봅니다.

탐색 탭 해시태그를 이용한 벤치마킹

    탐색 탭에서는 내가 그동안 좋아요, 저장, 팔로우 등 관심을 보였던 콘텐츠 위주로 인스타그램이 나를 파악하여 게시물을 보여줍니다. 내가 좋아하는 콘텐츠로 구성하여 보여주기 때문에 내 관심사를 파악하기 좋습니다. 나는 평소 어떤 것들을 좋아하는지, 그리고 그 콘텐츠로 운영하는 사람들은 어떻게 사람들과 소통하는지 확인할 수 있습니다.

    탐색 탭을 이용하여 내 관심사와 비슷한 인플루언서 계정을 찾았다면 그 인플루언서가 팔로우 하고 있는 계정을 이용하여 벤치마킹을 할 수도 있습니다.

인플루언서 팔로우를 이용한 벤치마킹

@peterkim___

　이렇게 벤치마킹을 하면 좋은 이유는 그 인플루언서가 팔로우한 계정들도 이미 내 계정의 콘셉트와 비슷한 경우가 많기 때문입니다. 인플루언서 프로필 탭에서 팔로잉을 눌러 바로 확인할 수 있습니다. 벤치마킹은 가장 쉬운 방법이지만 한편으로는 가장 어려운 방법입니다. 왜냐하면 우리는 다른 사람에게는 관심이 없고, 결국은 관성 대로 하는 것이 가장 편하기 때문입니다. 그런데 문제는 그렇게 하면 무엇이 잘 되고 있고, 무엇이 잘 못되고 있는지 모른 채 막연하게 운영을 하게 됩니다. 결국 아는 만큼 보이고 보이는 만큼 생각할 수 있습니다. 다른 사람은 어떻게 운영하는지 벤치마킹을 통하여 자신의 스타일을 완성해 보세요.

인스타그램 기본 용어

■ FOLLOW 팔로우

누군가를 따른다는 뜻으로 내가 상대방의 게시글을 구독한다는 의미입니다. 내가 상대방의 팬이 되겠다고 먼저 선언하는 것이죠.

■ FOLLOWER 팔로워

팔로우의 반대입니다. 상대방이 나의 게시글을 구독한다는 의미입니다. 상대방이 나의 팬이 되겠다고 선언하는 것이죠.

■ FOLLOWING 팔로잉

팔로우 버튼을 누르면 팔로잉으로 변경됩니다. 내가 '팔로우 하고 있는 중'이라는 뜻으로 ~ing가 붙습니다.

■ 맞팔

서로 같이 팔로잉하는 사이입니다. '우리 맞팔해요!'

■ 선팔

내가 먼저 팬이 되겠다고 자처하는 것입니다. '선팔하고 갑니다!'

■ 언팔

더 이상 상대방의 글을 구독하지 않고 팔로우를 끊겠다는 것입니다.

■ 인친

인스타그램 친구의 줄임말입니다.

■ 소통

서로가 올리는 소식에 댓글, 좋아요 등을 남기면서 소통하는 것입니다. '우리 함께 소통하며 성장해요!'

이제는 실전, 인스타그램 시작하기

인스타그램을 처음 시작하는 분들은 www.instagram.com에서 계정 ID를 넣고 절차에 따라 가입해 주세요.

새 계정 만들 때 가입방법

〈PC버전〉

〈MO버전〉

가입하기를 누르면 전화번호 또는 이메일 주소, 성함, 사용자 이름(계정 ID), 인스타그램 비밀번호를 입력해 줍니다. 이메일 주소와 성함은 정해져 있지만 사용자 이름(계정 ID)과 비밀번호는 오늘 새로 만들어야 합니다. 사용자 이름은 계정 ID입니다. 영문과 숫자, 마침표(.), 언더바(_) 등의 조합으로 가입이 가능하며 대문자 사용은 불가능합니다. 인스타그램은 최대 5개의 계정 ID를 만들 수 있습니다. 참고로 네이버는 3개, 페이스북은 1개입니다.

부 계정 만들 때 가입방법

메인 계정이 있고 추가로 새 계정을 만들 때 이용합니다. 왼쪽 상단의 나의 계정 ID를 클릭하여 '계정 추가'를 눌러줍니다. '새 계정 만들기'를 클릭하고 새로운 사용자 이름(계정 ID)를 생성합니다.

인스타그램 메인 기능 5가지

인스타그램의 모바일 버전은 하단의 5가지 기능이 전부입니다. 홈 탭, 탐색 탭, 릴스 탭, 쇼핑 탭, 내 프로필 탭입니다. 이 5가지 기능은 어떤 특징이 있는지 간단하게 알아보도록 하겠습니다.

1) 내 프로필 탭

먼저 하단의 5가지 기능 중 가장 오른쪽에 있는 내 프로필 탭을 클릭하여 '프로필 편집'을 눌러주세요. 인스타그램을 처음 가입하면 여기서 프로필 세팅을 먼저 합니다. 앞서 말씀드렸던 프로필 사진, 사용자 이름(계정 ID), 소개글을 구체적으로 넣어주세요. 이 계정이 앞으로 어떤 방향으로 나아갈지 알려줘야 합니다.

프로필 편집

인스타그램에서 유일하게 링크를 걸 수 있는 곳이 바로 프로필 편집에 있는 웹사이트입니다. 보이는 것처럼 링크는 단 1개만 설정할 수 있습니다. 대부분 블로그, 인스타그램, 유튜브, 카카오톡 채널 등 여러 개의 채널을 가지고 있을 경우 링크트리 플랫폼을 이용하여 더 많은 링크를 연결할 수 있습니다.

　프로필 정보에 있는 페이지, 카테고리, 연락처 옵션, 행동 유도버튼 프로필 표시는 비즈니스 계정으로 전환 후 사용이 가능합니다. 링크트리와 비즈니스 프로필은 인스타그램 운영 노하우 챕터에서 더욱 자세히 확인할 수 있습니다.

2) 홈 탭

　이번에는 홈 탭에 대해 알아보도록 하겠습니다. 5가지 기능 중 제일 왼쪽에 있는 것이 홈 탭입니다. 홈 탭에는 내가 올린 게시물, 내가 팔로잉한 사람들의 게시물, 광고 등이 보이며 이곳에서 좋아요, 댓글, 공유, 저장 등 쌍방향 소통이 가능합니다.

　또한 홈 탭 상단에는 몽글몽글하게 떠있는 스토리라는 기능이 있습니다. 스토리는 단 1장의 사진과 단 1개의 영상만으로도 간단하게 만들 수 있습니다. 올린 시간으로부터 24시간이 지나면 사라지는 짧은 영상이지만, 홈 탭 가장 상단에 위치하여 주목도가 높기 때문에 높은 홍보효과로 많은 사람들이 이용하고 있습니다. 인스타그램을 빠르게 성장시키고 싶다면 스토리를 주목해야 합니다.

스토리를 사용하면 프로필 주목도가 다르다

스토리를 이용하면 프로필 사진 주변에 다채로운 색상의 테두리가 생깁니다. 그럼 한눈에 보기에도 확 튀기 때문에 프로필의 주목도를 높일 수 있습니다. 이렇게 스토리를 만든 사람과 만들지 않은 사람을 직관적으로 구별할 수 있어서 해시태그 탐색 탭에서도 확연히 차이가 나는 모습을 볼 수 있습니다.

스토리를 사용하면 홍보 효과가 좋다

홈 탭에는 내가 업로드한 게시물도 보이고, 내가 팔로우한 계정들의 게시물도 보이고, 광고도 보이는 등 모든 게시물이 홈 탭에서 보입니다. 이렇게 많은 게시물 사이에서 내 게시물은 언제 어떻게 밀려날지 모르죠. 그런데 스토리를 이용하면 게시물 사이가 아닌, 홈 탭 가장 상단에 노출을 시켜 주기 때문에 홍보효과도 함께 누릴 수가 있습니다.

개인 계정으로 사용하는 분들은 일상을 공유하며 소통의 창구로 이용하고, 비즈니스 계정으로 운영하는 분들은 마케팅 채널로 제품을 홍보하거나 이벤트를 공지할 수도 있습니다.

스토리를 사용하면 팔로우 신청 시 유리하다

스토리는 등록한 시간으로부터 24시간이 지나면 사라집니다. 이렇게 24시간이 지나면 사라지는데도 계속 사용하고 있다는 것은 인스타그램을 활발하게 이용하고 있다고 판단합니다. 그래서 팔로우를 신청할 때도 스토리를 이용하고 있는 사람들에게 더 많은 신청을 하게 되는 이유입니다.

스토리 하이라이트 활용하기

하이라이트는 스토리를 게시한 후에만 사용할 수 있는 스토리 보관함입니다. 스토리가 24시간 후면 자동으로 사라지기 때문에 만약 중요한 내용을 전달해야 한다면, 스토리를 올린 후 하이라이트 기능을 이용하여 공지사항처럼 정보를 전달합니다. 내가 게시물을 업로드하면 나에게 관심을 보인 상대방 홈 탭에 내 게시물이 뜹니다. 그러나 언제 사라질지 모르죠. 끊임없이 다른 사람의 게시물이 업로드 되고 있기 때문입니다. 이럴 때 스토리를 이용하면 홈 탭 상단에 내 게시물을 주목시킬 수 있습니다. 그러나 스토리 또한 24시간 후면 사라지기 때문에 중요한 게시물은 하이라이트로 지정하여 계속 노출될 수 있도록 합니다.

3) 탐색 탭

  왼쪽에서 두 번째 탐색 탭은 우리가 원하는 키워드 즉, 해시태그
로 검색하여 게시물을 탐색하는 탭입니다.

  탐색 탭을 누르면 이전에 내가 검색하고 저장했던 관심 있는 게
시물 위주로 보입니다. 상단 검색란에 키워드로 검색하면 인기, 계
정, 오디오, 태그, 장소 순으로 탭이 보입니다.

주로 인기 탭에는 이 해시태그와 관련하여 인기 있는 계정, 인기 있는 해시태그가 보입니다. 계정 탭은 이 해시태그로 프로필 이름을 등록한 사람들의 계정이 보입니다. 앞서 프로필 이름은 해시태그로 검색이 되는 영역이기 때문에 나를 대표하는 대표 키워드를 꼭 넣으라고 말씀드렸습니다. 오디오 탭은 새로 생긴 탭이며 오디오를 검색하고 저장할 수 있도록 만든 탭입니다. 태그 탭은 해시태그로 검색 시 관련 있는 해시태그들이 모아서 보입니다. 장소 탭역시 해시태그로 검색 시 관련 있는 장소 해시태그가 보여 지거나근처 장소로 등록된 해시태그를 확인할 수 있습니다.

4) 릴스 탭

　세 번째는 지금 가장 핫 한 릴스 탭입니다. 인스타그램이 릴스 탭을 띄어주고 있다는 것은 이미 자명한 사실입니다. 왜냐하면 지금 보는 릴스 탭 외에도 탐색 탭, 프로필 릴스 탭, 프로필 피드 탭, 스토리 탭 등 인스타그램 내에서도 릴스가 가장 많은 노출 영역을 가지고 있기 때문입니다. 인스타그램의 빠른 성장을 원한다면 게시물뿐만 아니라 스토리, 릴스를 많이 활용해야 합니다.

릴스를 주목해야 하는 이유

릴스는 최소 15초에서 최대 90초로 구성된 짧은 영상을 말합니다. 소비자들은 더 이상 수많은 콘텐츠 홍수 속에서 긴긴 영상에 자신의 시간을 할애하고 싶어 하지 않습니다. 틱톡, 인스타그램 릴스, 유튜브 쇼츠는 대표적인 숏폼 콘텐츠로 영상이 짧아 핵심만 간결하게 전달하며 그만큼 짧은 편집으로 누구나 이용이 가능합니다. 우리가 릴스를 주목해야 하는 이유가 있습니다. 릴스는 탐색 탭, 프로필 릴스 탭, 프로필 피드 탭, 스토리 탭 등 인스타그램 내에서도 가장 많은 노출 영역을 가지고 있어 계정의 유입을 늘리고, 마케팅 효율을 높이기에 좋습니다.

인스타그램도 다른 플랫폼과 동일하게 영상 콘텐츠에 가중치를 주고 있습니다. 그래서 단순히 이미지만 여러 개 올리는 것보다 릴스를 사용하면 인기 게시물 상단에 뜰 수 있는 확률이 더 높습니다. 현재도 인기 게시물 첫 번째 콘텐츠는 무조건 릴스를 보여주고 있습니다.

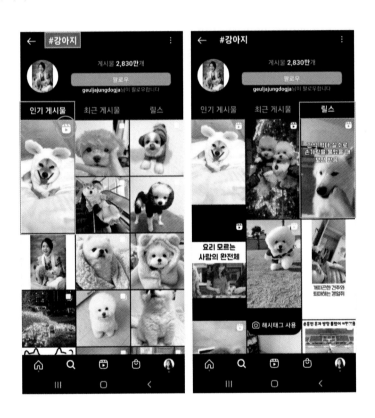

인스타그램 공식계정이 말하는 릴스 사용법 Don't!

인스타그램이 엄청난 속도로 성장하고 있고 릴스는 그런 인스타그램의 꽃이라고 불리고 있습니다. 팔로워를 늘리기에도 릴스가 좋습니다. 그런데 릴스의 성장을 위해 절대로 하면 안 되는 것들이 있습니다. 이것은 인스타그램 공식 계정에서 나온 이야기지만 의외로 아직도 모르는 분들이 많습니다.

저화질 영상
NO!

다른 앱 로고
NO!

테두리 영상
NO!

텍스트 영상
NO!

저화질 영상은 사용하지 마세요. 영상을 찍을 때는 고화질로 찍어야 합니다. 저화질 영상은 인스타그램에서 노출을 안 시켜준다는 사실, 기억하세요.

다른 앱의 로고는 사용하지 마세요. 틱톡 등 다른 앱의 로고나 워터마크는 삭제해야 합니다. 다른 로고나 워터마크가 포함된 영상은 어떤 플랫폼도 좋아하지 않아요.

테두리가 있는 영상은 사용하지 마세요. 이미 사용한 영상을 배경이나 액자로 재가공하는 경우가 많습니다. 그래서 인스타그램은 테두리가 있는 영상을 좋아하지 않아요.

텍스트가 많은 영상도 사용하지 마세요. 릴스는 영상이지, 논문이 아닙니다. 릴스 영상에 텍스트가 메인이 돼서는 안된다는 사실도 잊지 마세요.

인스타그램 공식계정이 말하는 릴스 사용법 Do!

다음은 인스타그램 공식 계정에서 말하는 반응하는 릴스 사용법입니다.

웃기거나, 재밌거나, 놀랍거나, 반전이 있는 콘텐츠를 좋아합니다. 릴스로 팔로우를 모으려면 콘텐츠가 웃기거나, 재미있거나, 놀랍거나, 반전이 있어야 합니다. 나의 릴스는 사람들에게 어떤 가치를 주는지 생각해 보세요.

인스타그램에서 제공하는 기본 기능에 충실하세요. 자막, 필터, 카메라 효과 등 자체 플랫폼에서 제공하는 기본 기능을 적극적으로 활용하는 것을 좋아합니다.

세로 영상을 사용하세요. 보통 영상은 16:9 비율의 가로 영상을 많이 찍습니다. 그러나 릴스만큼은 9:16 비율의 세로 영상으로 만들어야 합니다. 가로 영상은 재가공이 어려워 인스타그램에서 노출이 잘 안됩니다.

음악을 사용하세요. 릴스는 음악이 생명입니다. 음악 없이 릴스를 만들지 마세요. 인기 있는 음악을 릴스에서 쉽게 사용하는 방법, 바로 알려드리겠습니다.

이 3가지만 알면 나도 릴스 전문가

인스타그램 릴스는 이 3가지만 적절하게 잘 사용해도 전문가처럼 보일 수 있습니다. 바로 배경음악, 템플릿 기능, 필터 효과입니다.

배경음악 사용법

릴스 영상을 보다가 마음에 드는 음악이 있다면 왼쪽 하단의 **음악 제목**을 클릭합니다. 그러면 현재 이 음악이 사용되고 있는 숫자가 나옵니다. 1만 개 이상이면 굉장히 인기 있는 음악이죠. 사용을 원한다면 오디오 저장을 눌러주세요.

저장 후 실제 릴스를 만들 때 왼쪽 상단의 오디오 아이콘에서 **저 장됨** 버튼을 통해 사용할 수 있습니다.

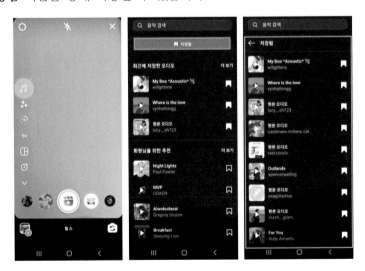

템플릿 사용법

인스타그램은 음악이 생명이라고 말씀드렸습니다. 그러다 보니 음악만 추가하는 것이 아니고 음악 비트에 맞추어 영상 또는 이미지를 잘게 쪼개어 편집하기도 합니다. 그러나 이 방법은 일일이 수작업이 필요하여 어렵다고 느끼는 사람들이 많습니다. 릴스 템플릿 기능은 이런 어려움을 없애고 음악 비트에 맞추어 영상 또는 이미지만 넣으면 자동으로 편집이 가능합니다.

릴스 영상을 보다가 마음에 드는 템플릿이 있다면 왼쪽 하단의 **템플릿 사용**을 클릭합니다. 그러면 해당 릴스에서 사용한 템플릿을 시간별로 확인할 수 있습니다. 쪼개져 있는 시간에 맞추어 영상 또는 이미지만 추가하면 쉽게 완성할 수 있습니다.

필터 효과 사용법

역시나 릴스 영상을 보다가 마음에 드는 효과가 있다면 **필터 효과** 클릭합니다. 해당 효과가 어떻게 사용되었는지 한 눈에 확인할 수 있습니다. 오른쪽 **저장 아이콘**을 클릭하여 오래도록 사용할 수 있고 **효과 사용**을 클릭하면 바로 필터가 적용되어 쉽게 릴스를 만들 수 있습니다. 필터 효과를 일정하게 사용하면 피드의 톤앤매너를 맞출 수 있고 한층 더 고급스러운 느낌을 만들 수 있습니다.

짧은 영상이지만 영상은 이미지보다 38%의 높은 반응을 보인다는 연구결과가 있습니다. 그만큼 체류시간을 증가시키기 때문에 단순히 이미지만 올리는 것보다 릴스를 활용하여 짧게라도 영상을 올리는 것이 계정을 빠르게 성장시키는 방법 중 하나입니다.

4) 쇼핑 탭

네 번째는 쇼핑 탭입니다. 이 쇼핑 탭은 인스타그램이 활성화되면서 기능을 전면 강화하고 더욱 쉽게 찾을 수 있도록 네 번째 탭에 별도의 버튼으로 만들어졌습니다.

쇼핑 탭은 관심이 가는 제품의 가격, 정보를 얻거나 구매가 가능합니다. 쇼핑 탭을 사용하려면 페이스북 페이지를 연동한 후 인스타그램의 승인이 필요합니다. 예전에 비해 현재는 많이 까다로워진 상태입니다. 승인이 필요하다면 상거래 정책 조건을 참고해서 페이스북 페이지를 연동한 후 사용이 가능합니다.

인스타그램 게시물 업로드하기

인스타그램에 게시물을 업로드하는 방법은 여러 가지가 있습니다. 그러나 가장 쉽게 할 수 있는 2가지 방법에 대해 알려 드릴게요.

첫 번째는 **홈 탭 상단의 +**를 눌러 바로 게시물 업로드가 가능합니다. 두 번째는 **내 프로필 탭 상단의 +**를 눌러 릴스, 게시물, 스토리, 스토리 하이라이트, 라이브 방송이 가능합니다.

사진과 동영상은 최대 10개까지 선택 가능

    게시물은 사진과 동영상을 합하여 최대 10개까지 업로드가 가능합니다. **여러 항목 선택**을 클릭하면 숫자가 표시되며, 멀티 모양의 아이콘이 보입니다. 아이콘을 눌러 사진을 선택하거나 취소할 수 있습니다. 10개 이상의 사진이나 동영상을 선택하면 '최대 10개의 사진 또는 동영상을 포함할 수 없습니다.'라는 오류메시지가 자동으로 뜹니다.

게시물 사진 크기 조절 기능

1:1 비율   16:9 비율

사진을 선택 후 왼쪽 꺽새 모양의 아이콘을 누르면 인스타그램 사이즈에 맞는 정사각형 사이즈 또는 원본 비율로 자동 변경됩니다. 인스타그램 게시물 사이즈의 기본 비율은 1:1 정사각형이고, 스토리, 릴스는 9:16 비율의 세로로 된 직사각형입니다. 어떤 콘텐츠를 발행하느냐에 따라 사이즈가 달라져야 합니다.

인스타그램 필터효과 및 수정 기능

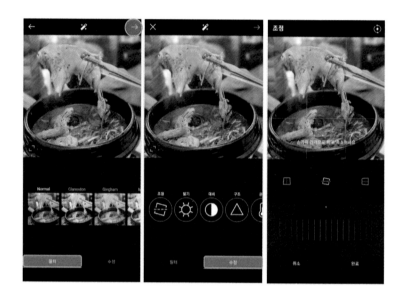

　사진 또는 동영상을 선택 후 사이즈 조절까지 끝났다면 오른쪽 상단의 오른쪽 화살표를 클릭합니다. 그러면 하단에 필터 기능이 보입니다. 보통 사진을 예쁘게 보정하기 위해 여러 가지 앱을 이용하지만, 인스타그램은 자체적으로 많은 필터효과를 가지고 있습니다. 그러니 이런 필터효과를 적극적으로 사용해 보세요. 마음에 드는 필터가 없다면 직접 밝기, 대비, 채도 등을 수정하여 사진을 보정할 수도 있습니다.

게시물 문구 및 태그 입력

　필터효과를 이용한 사진 보정까지 완료되었다면 오른쪽 상단의 화살표를 눌러주세요. 마지막으로 게시물에 적힐 문구와 태그를 입력하라고 나옵니다. 인스타그램 태그는 3가지가 있습니다. 바로 위치태그(장소태그), 사람태그(계정태그), 해시태그입니다.

위치태그(장소태그)

    위치태그는 말 그대로 이 콘텐츠의 위치, 장소를 나타냅니다. 게시물을 업로드하면서 **위치 추가**를 통해 내가 있는 장소 또는 근처 위치를 태그로 올려주면 근처에 있는 사람이 탐색 탭을 통해 내 게시물을 볼 수 있습니다. GPS 기능을 켜고 탐색 탭 장소 태그를 통하여 올려진 게시물, 스토리, 위치 태그를 모아 볼 수 있습니다. 위치태그 기능을 잘 이용하면 내 계정의 유입을 더 많이 늘릴 수 있습니다.

@사람태그(계정태그)

　사람태그는 내가 올리는 게시물의 콘텐츠와 관련 있는 태그 계정을 선택하여 올릴 수 있습니다. 그것은 제품이 될 수도 있고 사람이 될 수도 있습니다. 게시물을 업로드하면서 **사람 태그하기**를 통해 게시물 중 원하는 위치를 손으로 콕 찍어 추가할 수 있습니다. 사람이면 사람, 제품이면 제품을 선택한 후 계정 ID를 검색하여 추가합니다. 추가 후에는 콘텐츠 왼쪽 하단에 사람모양의 아이콘이 생깁니다. 추가한 상대방에게도 추가되었다는 메시지를 인스타그램에서 알림으로 알려줍니다.

#해시태그

　해시태그는 최대 30개까지 입력이 가능합니다. **문구입력**란에 #과 함께 사용할 수 있으며 띄어쓰기는 불가능합니다. 해시태그는 사람들이 이 콘텐츠를 보기 위해 검색할 만한 키워드, 즉 콘텐츠와 연관성이 높은 해시태그를 사용해야 합니다. 또한 해시태그는 본문 외에도 댓글, 대댓글에도 사용이 가능합니다.

　위치태그, 사람태그, 해시태그 등 태그기능을 적절히 이용하면 내 계정의 최적화를 빠르게 만들 수 있고 더 많은 유입을 일으킬 수 있습니다.

링크트리를 이용하여 외부 채널 확장하기

앞서 인스타그램은 외부 링크를 허용하지 않는다고 말씀드렸습니다. 그래서 유일하게 링크를 넣을 수 있는 곳이 프로필 편집에 있는 웹사이트 부분이었습니다.

인스타그램이 외부 링크를 허용하지 않기 때문에 게시물을 올릴 때 본문이든, 댓글이든 링크를 넣어도 그 링크는 활성화되지 않습니다. 활성화되지 않은 링크는 텍스트 역할만 할 뿐 클릭해도 원하는 화면으로 넘어가지 않습니다. 클릭해도 링크가 열리지 않으면 그건 아무 의미 없는 링크일 뿐입니다. 만약 우리가 운영하는 채널이 인스타그램 외에 블로그, 유튜브, 페이스북, 카카오톡 등 여러 채널이 있는 경우 어떻게 하면 좋을까요?

우리는 고객들과 다양한 채널에서 만날 수 있어야 합니다. 지금은 인스타그램을 배우지만 블로그, 페이스북, 유튜브 등 고객은 어떤 채널에서 나를 검색하고 찾아올지 모릅니다. 그렇기 때문에 어떤 플랫폼을 이용하든 외부 채널 링크를 모두 연결해 놓아야 합니다. 이 때 우리는 링크트리를 이용하여 연결할 수 있습니다.

단 1개의 링크 연결만 가능한 인스타그램에서 링크트리는 자신만의 홈처럼 하나의 링크를 누르면 여러 개의 링크가 연결될 수 있도록 멀티링크 기능을 가지고 있습니다.

링크트리 (https://linktr.ee) 사용방법

링크트리 웹 사이트로 들어가 우측 상단 SIGN UP FREE 클릭합니다. 인스타그램 계정 ID, 인증 가능한 이메일 주소, 링크트리 비밀번호를 생성한 후 이메일로 본인 확인 작업을 거쳐야 정상적으로 사용이 가능합니다. 인스타그램 계정이 여러 개인 경우 계정 ID마다 각각의 링크트리 계정을 만들 수 있습니다.

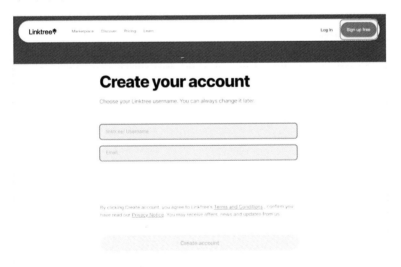

가입 시 링크트리 개인 설정에 대한 부분을 넣으라고 나옵니다. 관심분야에 따라 도움을 주기 위한 부분으로 선택에 큰 의미는 없으니 읽어보고 해당되는 부분을 선택해 주세요. 링크트리는 유료 버전과 무료 버전으로 나뉩니다. 우리는 여러 개의 링크를 연결하는 멀티 링크 서비스만을 이용할 것이므로 무료 버전으로도 충분합니다.

이메일 인증까지 완료하면 가입 인증이 완료됩니다. 이제 본격적으로 멀티링크를 연결합니다. Add new link를 클릭하여 원하는 채널의 타이틀(제목)과 링크 주소를 입력합니다. 작성 전에는 노란색 버튼이지만 주소가 올바르게 입력되면 초록색 버튼으로 활성화됩니다. 작성 시 우측에 미리보기를 활용하여 편집할 수 있습니다. 블로그 주소를 넣을 수도 있고 블로그에서 작성한 공지사항 포스팅을 개별적으로 넣을 수도 있습니다. 작성이 완료된 후 우측 미리보기 상단에 링크트리 주소를 복사하여 인스타그램 프로필 편집에서 웹사이트 부분에 주소를 그대로 붙여 넣습니다.

프로페셔널 계정 인사이트 활용하기

인스타그램은 크게 3가지의 계정이 있습니다. 바로 개인 계정, 크리에이터 계정, 비즈니스 계정입니다.

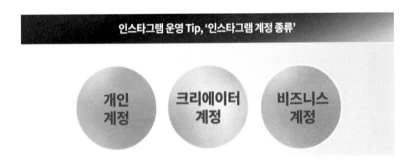

개인 계정은 가입과 동시에 가장 먼저 생성되는 계정입니다. 크리에이터 계정과 비즈니스 계정은 프로페셔널 계정에 속해 있습니다. 개인 계정과 프로페셔널 계정은 큰 차이가 없습니다. 그리고 언제든지 서로 왔다 갔다 할 수 있는 계정 전환이 가능합니다. 그럼에도 군이 이런 계정을 나누어 놓았냐 하면 개인 계정이 아닌 비즈니스 계정으로 전환 시 인사이트라는 기능을 이용할 수 있기 때문입니다. 조금 더 자세히 알아보도록 하겠습니다.

개인 계정 Vs. 비즈니스 계정 차이

개인 계정	비즈니스 계정
게시물 업로드 팔로우/팔로워 추가 댓글/좋아요/DM …	**개인 계정 기능** + 홍보(광고) 집행 + 인사이트 기능 + 비즈니스 프로필 설정 …

개인 계정은 게시물 업로드, 팔로우/팔로워 추가, 댓글/좋아요/DM 등의 서비스를 이용할 수 있습니다. 반면에 비즈니스 계정에서는 개인 계정에서 가능한 모든 기능을 이용할 수 있고 추가적으로 광고 집행, 인사이트 기능, 비즈니스 프로필 설정이 가능합니다.

개인 계정에서는 홍보(광고)를 집행할 수 없습니다. 또한 감이 아닌 정확한 수치로 보여주는 인사이트 통계 기능도 없습니다. 개인 계정은 홍보를 목적으로 하는 계정이 아니기 때문에 비즈니스 프로필도 만들 수 없습니다. 그렇기 때문에 우리는 비즈니스 계정으로 전환하여 인사이트 기능도 얻고 그를 토대로 홍보(광고)도 우리가 직접 진행할 수 있습니다. 먼저 비즈니스 계정 전환은 어떻게 하는지 알아보도록 하겠습니다.

비즈니스 계정 전환 방법

내 프로필에서 오른쪽 상단의 三를 눌러주세요. **설정, 계정, 프로페셔널 계정으로 전환**을 차례대로 눌러줍니다. 그러면 카테고리를 선택하라고 나옵니다. 선택에 큰 의미는 없으니 본인의 카테고리를 선택 후 완료와 다음을 눌러주세요. 비즈니스 계정을 선택해 주세요. 연락처 동기화와 페이스북 연결은 지금 바로 해도 되고 건너뛰었다가 다음에 설정해도 괜찮습니다.

비즈니스 계정 전환이 완료되면 내가 올린 게시물을 선택했을 때 왼쪽에 **인사이트 보기**와 오른쪽에 **게시물 홍보하기**가 보입니다. 이 두 가지가 확인되었다면 비즈니스 계정으로 전환이 잘 된 겁니다.

  간혹 비즈니스 계정으로 전환 후 다시 개인 계정으로 전환이 가능한지 궁금해하는데 가능합니다. 언제든 두 계정은 서로 왔다 갔다 할 수 있습니다. 그러나 비즈니스 계정에서 개인 계정으로 전환하는 경우 제공 되었던 인사이트 기능은 사라집니다. 광고 집행도 불가능하구요. 하지만 개인 계정으로 전환 시 다음의 2가지 인사이트 기능은 얻을 수 없습니다.

비즈니스 계정 전환 시 인사이트 기능 2가지

비즈니스 계정으로 전환하면 감이 아닌 수치로 된 정확한 인사이트 기능을 얻을 수 있다고 말씀드렸습니다. 이 기능을 이용하여 우리는 크게 2가지의 인사이트를 얻을 수 있습니다.

첫 번째, 업로드한 콘텐츠 개별 통계 기능
두 번째, 내 계정의 전반적인 통계 기능

1) 업로드한 콘텐츠 개별 통계 기능

첫 번째는 업로드한 콘텐츠 별로 개별 통계를 확인할 수 있습니다. 원하는 게시물의 인사이트 기능을 클릭합니다. 그러면 가장 먼저 좋아요/댓글/공유/저장 수가 보입니다. 좋아요 수와 댓글 수는 인사이트 기능이 없어도 직접 숫자를 세어가며 확인할 수 있습니다. 그러나 DM을 통해 공유한 수와 저장한 수는 알 수 없습니다. 이 4가지의 숫자는 여러분이 가진 팔로워 수보다 훨씬 더 중요한 의미를 갖고 있습니다.

좋아요 수, 댓글 수, 공유 수, 저장 수

인스타그램을 운영하면서 가장 많이 고민하는 것이 팔로워 수 늘리기입니다. 팔로워 수는 내 계정의 크기를 직관적으로 보여주기 때문에 많은 사람들이 돈을 주고 살 만큼 혈안이 되어있죠. 그러나 진짜 영향력 있는 계정은 팔로워 수가 아니라 바로 이 4가지의 숫자가 높게 나오는 계정입니다. 즉 반응률이 높은 계정이죠.

앞서 인스타그램 계정 유형에서 콘텐츠 계정으로 운영 시 어떤 형태로든 가치 전달이 필요하다고 말씀드렸습니다. 여러분의 콘텐츠가 유익한 정보를 전달하고 있다면 사람들은 저장을 할 것입니다. 또한 그 정보를 친구에게 공유하며 확산시킬 것입니다. 여러분의 콘텐츠가 웃음과 재미를 전달하고 있다면 사람들은 좋아요나 팔로우를 누를 것이고, 감동이나 힐링을 주고 있다면 댓글을 달며 소통하길 원할 겁니다.

여러분이 만든 콘텐츠가 잠재 고객에게 어떤 가치를 전달하고 있는지 인사이트 기능을 통해 확인해 보세요. 그리고 저장, 공유가 많이 된 콘텐츠는 스토리를 통해 재노출을 시키는 것도 좋은 방법입니다.

도달

도달은 이 게시물을 한 번 이상 본 고유 계정의 숫자입니다. 도달은 같은 계정에서 게시물을 여러 번 본 횟수까지 집계하는 노출과는 다른 개념입니다.

　　노출은 이 게시물이 사람들에게 노출된 총 횟수입니다. 한 사람에게 두 번 노출이 된 경우에도 포함되어 2회로 집계됩니다. 말 그대로 내 게시물을 봐 주었으면 하는 잠재 고객에게 단 1초라도 노출이 되었을 때 나오는 숫자입니다.　그런데 이 노출이 홈, 프로필, 해시태그, 기타 등을 통해서 다방면에 노출될 수 있습니다.

참여

　참여는 이 게시물을 보고 반응을 보인 계정의 숫자입니다. 앞서 팔로워 수보다 중요하다고 했던 4가지 반응 지표를 다시 한번 보여줍니다. 좋아요, 저장, 댓글 및 공유 수에서 좋아요 취소, 저장 취소 및 삭제된 댓글 수를 뺀 값이 표현됩니다.

Profile activity 프로필 활동

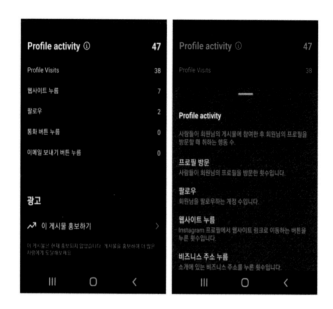

　　프로필 활동은 이 게시물을 보고 난 후 반응하는 행동을 숫자로 나타내 줍니다. 일반적으로 게시물을 보고 반응하는 행동에는 내 프로필 방문, 웹사이트 누름, 팔로우 신청 등이 있습니다.

　　프로필 방문은 이 게시물을 보고 사람들이 내 프로필로 방문한 횟수를 말합니다. 내 게시물을 보고 그냥 지나칠 수도 있었겠지만, 누군가는 내 프로필을 누르고 계정으로 들어오는 반응을 보였다는 겁니다.

　　웹사이트 누름은 사람들이 이 게시물을 보고 내 프로필 웹사이트에 걸려있는 링크트리로 이동한 횟수입니다. 내가 올린 게시물마다 어떤 반응들이 일어났는지 인사이트 기능을 통해 알 수 있습니다.

팔로우는 이 게시물을 보고 내 계정에 팔로우를 신청한 숫자입니다. 이 게시물은 총 OOO번 노출이 되었고, 그중에서 OOO명에게 도달이 되었으며, 또 그중에서 OO이 팔로우를 신청하였다는 통계를 볼 수 있습니다.

이렇게 인사이트 기능을 통해 업로드한 개별 콘텐츠 별로 통계가 가능합니다. 개별 콘텐츠의 인사이트를 분석하여 감이 아닌 정확한 수치로 인스타그램 콘텐츠 전략을 짤 수 있습니다.

2) 내 계정의 전반적인 통계 기능

인사이트 기능을 통하여 두 번째는 내 계정의 전반적인 통계를 확인할 수 있습니다. 프로필 화면에서 인사이트를 누르면 최근 7일, 14일, 30일, 90일 단위로 조회가 가능합니다. 여기서는 도달한 계정, 참여한 계정, 총 팔로워 3가지의 인사이트를 알려줍니다.

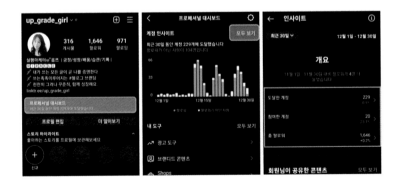

도달한 계정은 지정한 기간 동안 광고를 포함하여 내 콘텐츠를 1회 이상 조회한 고유 계정의 숫자입니다. 콘텐츠에는 게시물, 스토리, 릴스, 동영상 및 라이브 방송이 포함되어 있으며 이 기간 동안 내 콘텐츠가 몇 명에게 도달되었는지 확인할 수 있습니다. 내 타깃이 집중된 국가, 도시, 성별 분포, 연령대를 알 수 있고, 팔로워와 팔로워가 아닌 사람에게 얼마나 도달되었는지, 올린 콘텐츠 중에 어떤 콘텐츠가 인기가 있었고, 얼마만큼 도달이 되었는지도 확인할 수 있습니다.

참여한 계정은 광고를 포함하여 내 콘텐츠에 반응을 보인 계정의 숫자입니다. 어떤 콘텐츠에 좋아요, 댓글, 저장이 많았는지 게시물마다 개별 확인하는 것이 아니라 한 번에 확인할 수 있습니다. 인기 게시물을 눌러보면 지금까지 업로드한 모든 콘텐츠에 대한 반응(좋아요, 댓글, 공유, 저장, 노출, 도달, 웹사이트 누름 등)을 높은 순서대로 확인할 수 있습니다.

총 팔로워는 지정한 기간 동안 나를 팔로우한 계정 수, 팔로우를 취소하거나 인스타그램을 탈퇴한 계정 수를 나타냅니다. 내 팔로워들의 지역, 연령대, 성별, 가장 활동이 많은 시간 등을 알려주어 분석을 통해 마케팅 전략을 세울 수 있습니다. 아무도 보지 않는 시간에 올리는 것보다 내 팔로워가 활동하는 시간에 콘텐츠를 올리는 것이 계정 성장에 훨씬 더 많은 도움이 됩니다

이렇게 주기적으로 인사이트를 확인하고 만약 내 계정의 평균 참여지수보다 어떤 콘텐츠의 참여 지수가 확연히 높으면 그 콘텐츠는 광고로 돌려 더 많은 반응을 살펴보세요.

인스타그램 게시물 홍보하기

 인스타그램 홈 탭에서는 내가 팔로우한 계정의 게시물과 스폰서드 광고가 자연스럽게 섞여 있는 것을 확인할 수 있습니다. 이는 네이티브 광고라 하여 다른 광고물과 다르게 게시글과 동일한 형태로 보여져 광고에 대한 반감이 덜 하다는 장점이 있습니다. 1일 최소 2천 원으로 집행이 가능하고 내가 원하는 타깃을 구체적으로 설정할 수 있어 많은 사람들이 이용하고 있습니다.

인스타그램 스폰서드 광고를 집행하기 위해선 사전에 준비해야 하는 것들이 있습니다. 바로 비즈니스 계정 전환과 페이스북 페이지 연동입니다. **비즈니스 계정 전환**은 앞서 설명드린 것처럼 설정에 가서 프로페셔널 계정으로 전환을 하면 가능합니다. **페이스북 페이지 연동**은 먼저 페이스북에서 페이지를 개설하고, 그 페이지 주소를 인스타그램과 연동하면 가능합니다.

비즈니스 계정 전환과 페이스북 페이지가 연동되고 나면 광고 집행이 가능합니다. 평소보다 참여지수가 높은 콘텐츠를 선택하여 게시물 홍보하기를 클릭해 주세요. 인스타그램 스폰서드 광고는 총 4단계로 진행됩니다.

1) 목표선택
2) 타깃 대상 선택
3) 예산 및 기간 선택
4) 광고 검토

1) 목표선택

이 광고를 집행하는 목표를 선택합니다. **프로필 방문**을 선택하면 광고 목표가 팔로워를 늘리는 것이 됩니다. 이 광고 콘텐츠를 보고 클릭했을 때 연결되는 페이지가 바로 내 프로필입니다. 내 프로필을 보고 결이 맞고 관심이 있으면 팔로우 신청을 할 것이고, 관심이 없으면 다시 이탈하겠죠.

웹사이트 방문을 선택하면 이 광고 콘텐츠를 클릭했을 때 내가 설정한 웹사이트로 유입됩니다. **메시지 늘리기**를 선택하면 이 광고 콘텐츠를 클릭했을 때 자동으로 제 계정에 메시지를 보낼 수 있게 됩니다. 먼저 어떤 목표로 돈을 들여 광고를 집행할지 선택해야 합니다.

2) 타깃 대상 선택

광고 목표가 선택되면 다음으로 누구에게 이 광고를 노출시킬지 타깃을 선택합니다. 타깃 대상은 **자동**과 **직접 만들기**가 있습니다. 처음 광고를 집행해서 나에게 타깃에 대한 정보가 없는 경우 자동을 선택합니다.

자동을 선택하면 인스타그램이 자체 DB를 활용하여 알아서 광고를 효율적으로 집행해 줍니다. **직접 만들기**는 어느 정도 타깃이 명확하게 좁혀져 있을 때 인스타그램 DB가 아닌 직접 만들기를 통해 위치, 관심사, 연령 및 성별을 지정해서 사용할 수 있습니다.

3) 예산 및 기간 선택

광고 목표와 타깃 대상을 선택했다면 이제 얼마를 며칠간 광고에 쓸 것인지 예산과 기간을 설정해야 합니다. **예산**은 최소 1일 2,000원부터 가능합니다. 그러나 예산 규모에 따라 사람들에게 도달되는 범위가 다르기 때문에 최소 5,000원 이상의 예산을 사용하라고 인스타그램은 권장합니다. **기간** 역시 최소 6일 이상을 권장하고 있습니다.

4) 광고 검토

마지막으로 내가 집행하는 광고를 검토합니다. 광고 목표가 제대로 설정되었는지, 타깃과 예산, 기간을 최종적으로 확인하고 광고 결제 수단을 추가합니다. 결제 수단까지 등록이 완료되면 인스타그램에서는 이 광고가 집행해도 괜찮은지 검토를 합니다. 보통 2~3시간 안에 승인이 되기도 하지만 경우에 따라 하루 이상이 걸릴 수도 있습니다. 광고가 게재된 후에는 언제든지 지출을 일시 중지할 수도 있으니 참고하세요.

스폰서드 광고는 쉽고 간단하게 이용할 수 있습니다. 내가 원하는 콘텐츠를 선택하고 목표, 타깃, 예산, 기간, 결제 수단을 추가하면 바로 집행이 가능합니다. 내게 홍보해 봐야 할 제품이나 서비스, 브랜딩이 있다면 본인의 재정에 맞게 광고를 집행해 보는 것을 추천드립니다.

좋아요와 팔로워를 늘리는 방법

팔로워가 많아도 인기가 없는 이유

인스타그램을 운영하면서 가장 많이 하는 고민은 바로 팔로워 수 늘리기입니다. 팔로워 수는 내 계정의 크기를 직관적으로 보여주며, 인플루언서의 영향력도 팔로워 수 크기에 따라 나노, 마이크로, 매크로, 메가 인플루언서로 나누어집니다. 팔로워 수가 많으면 내가 하고 싶은 이야기를 많은 사람들에게 전달할 수 있어서 좋습니다. 그러나 무조건 많다고 다 좋은 것은 아닙니다. 나에게 관심이 없는 팔로워들이라면 그것은 그냥 숫자일 뿐 내 계정의 지수에는 좋은 영향을 주지 못합니다. 오히려 악영향을 줄 수 있습니다.

팔로워 수 / 좋아요 수

 팔로워 수가 높다면 좋아요 수도 함께 봐야 합니다. 만약 계정이 잘 운영되고 있다면 팔로워 수의 5~10% 정도가 내 게시물에 좋아요를 누릅니다. 팔로워 수가 1만 명이라면 500~1,000명 정도는 내가 올린 게시물에 좋아요를 누른다는 거죠. 하지만 간혹 5%도 안되는 좋아요의 수치를 볼 때가 있습니다. 이것은 내가 게시물을 올려도 내 팔로워들은 관심이 없고 반응해 주지 않는다는 거죠.

 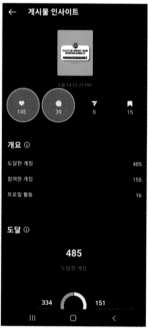

결국 팔로워의 숫자만 늘린 것일 뿐, 내 계정에는 도움이 되지 않습니다. 더욱이 인스타그램은 내가 게시물을 올려도 반응이 없다고 판단해 더 이상 노출시켜주지 않습니다. 여러분의 팔로워가 1만 명이어도 잘 노출되지 않고 인기가 없는 이유는 가치 있는 팔로워들이 없기 때문입니다. 가치가 없는 팔로워라면 인스타그램을 의무적으로 할 필요가 없습니다.

나를 좋아해 주는 찐 팔로워 만드는 방법

나를 좋아해 주는 가치 있는 찐 팔로워를 만들어야 합니다. 가치 있는 찐 팔로우란, 내가 게시물을 올릴 때마다 내 게시물에 관심을 갖고 좋아요나 댓글을 눌러주는 등 어떠한 반응을 보이는 팔로워를 말합니다. 나에게 관심이 없다면 내가 게시물을 올려도 반응이 없을 것이고, 인스타그램은 또다시 내 게시물의 노출을 제한할 겁니다.

이렇게 나에게 반응해 줄 찐 팔로워를 만들려면 먼저 관심사가 비슷한 곳에서 찾아야 합니다. 애초에 나와 관심사가 비슷한 사람들을 찾아가서 소통을 해야 관계가 오랫동안 이어집니다. 내 계정의 대표 해시태그, 내 계정을 주로 볼 타깃에 맞는 해시태그를 찾고, 그 해시태그를 사용하고 있는 사람들을 찾아가 먼저 관심을 보이고 소통을 시작합니다. #선팔이라는 해시태그는 이럴 때 사용해야 합니다. 나와 관련이 없는 곳에 가서 팔로우 신청을 해봐야 내 계정에는 관심이 없기 때문입니다.

초기에 팔로워를 많이 늘리는 방법

인스타그램의 핵심 알고리즘은 시간입니다. 내가 게시물을 올린 후 보통 1~2시간 내에 좋아요, 댓글, 공유, 저장 등의 반응률에 따라 이 콘텐츠를 더 확산시킬지 말지를 판단합니다. 콘텐츠의 초기 반응률이 높으면 인기 게시물에 오르기도 하고, 인기 게시물에 오르면 더 많은 팔로워를 빠르게 늘릴 수 있습니다. 그렇다면 어떻게 해야 빠른 반응을 얻을 수 있을까요? 다음은 내가 게시물을 올린 후, 빠른 반응을 얻기 위해 해야 할 중요한 활동입니다.

- 내 이전 게시물에 좋아요를 남겨준 사람들에게 응답
- 내 이전 게시물에 댓글을 남겨준 사람들에게 응답
- 홈 탭에서 새로운 게시물에 좋아요, 댓글 남기기
- 동일 해시태그 검색하여 최근 게시물 상위 9개 공략
- 동일 해시태그 검색 후 같은 관심사 계정에 #선팔 신청

사람들의 반응을 이끌어 내는 가장 좋은 방법은 내가 먼저 반응을 보이는 것입니다. 게시물을 올리고 나서 위와 같은 반응을 먼저 보이게 되면, 관심 있는 사람들은 다시 찾아와 같은 반응을 보여줍니다. 이렇게 찐 소통을 하다 보면 나에게 가치 있는 찐 팔로워도 자연스럽게 늘어납니다.

맺음말

'나에게 블로그란?'
'쓰는 족족 이루어지는 요술램프, 지니'

저 역시 블로그의 시작은 일상을 기록하는 일기장, 독서노트에 불과했었습니다. 그러나 꿈을 꾸고 블로그에 기록했더니 요술램프 지니처럼 쓰는 족족 그 꿈이 이루어졌습니다.

블로그 광고수입을 받으며 소소하게나마 월급 외 부수입을 만들어냈고 이제는 원하는 체험단만 골라서 신청합니다. 전자책 출간에 이어 종이책 출간을 앞두고 있으며 평일 강의뿐만 아니라 주말 강의까지 바쁘고 설레는 삶을 살고 있습니다.

여러분에게 블로그는 무엇인가요?
이제 여러분 차례입니다. 꿈을 꾸고 블로그에 기록해 보세요. 오프라인뿐만 아니라 온라인에서도 거래될 수 있도록 여러분의 가치를 드러내 보세요. 보이지 않는 가치는 거래되지 않습니다.
제가 그 시작을 도와드리겠습니다.
감사합니다.